中国
◇
哲学小史

冯友兰
著

新世界出版社
NEW WORLD PRESS

图书在版编目（CIP）数据

中国哲学小史 / 冯友兰著 . -- 北京 : 新世界出版社 , 2021.10
ISBN 978-7-5104-7338-8

Ⅰ . ①中… Ⅱ . ①冯… Ⅲ . ①哲学史—中国 Ⅳ . ① B2

中国版本图书馆 CIP 数据核字 (2021) 第 191777 号

中国哲学小史

作　　者：冯友兰
责任编辑：丁　鼎
装帧设计：壹诺设计
责任校对：宣　慧
责任印制：王宝根　高　金
出　　版：新世界出版社
网　　址：http://www.nwp.com.cn
社　　址：北京西城区百万庄大街 24 号（100037）
发 行 部：(010)6899 5968（电话）　(010)6899 0635（电话）
总 编 室：(010)6899 5424（电话）　(010)6832 6679（传真）
版 权 部：+8610 6899 6306（电话）　nwpcd@sina.com（电邮）
印　　刷：天津旭丰源印刷有限公司
经　　销：新华书店
开　　本：880mm × 1230mm　1/32　尺寸：145mm × 210mm
字　　数：120 千字　　印张：6.5
版　　次：2021 年 10 月第 1 版　2021 年 10 月第 1 次印刷
书　　号：ISBN 978-7-5104-7338-8
定　　价：42.80 元

导　读

《中国哲学小史》（以下简称《小史》）是冯友兰先生应商务印书馆万有文库“百科小丛书”邀约出版的一部哲学史，初版于1933年。此时冯先生的成名作两卷本《中国哲学史》已经出版。本书因为定位为通俗读物，所以篇幅短小，总共十三节，六万多字，但内容充实，论述精到，中国哲学的重要内容皆包括在内。冯先生在他另一部名著《中国哲学简史》（以下简称《简史》）的序言中曾说道：“小史者，非徒巨著之节略，姓名、学派之清单也。譬犹画图，小景之中，形神自足。非全史在胸，曷克臻此。惟其如是，读其书者，乃觉择焉虽精而语焉尤详也。”此所谓“小史”，指《中国哲学简史》，而之所以定名为“简史”，是因为先有这本《小史》。其实两本书的英文名皆为*A Shcrt History of Chinese Philosophy*。冯先生对《简史》特点的描述，完全适用于《小史》。唯《简史》自英文翻译而来。原书的构想，是为外国人讲述中国哲学的历史，故内容简练而齐全，中西对比的文字较多。而《小史》则是为中国读者写的，目的在于真实地、总括地介绍中国哲学的一般情况，所以较《简史》更加精练、概括。

（一）

《小史》在写作之初，就设定了几个意向，一是延续《中国哲学史》，在当时国人西方哲学知识甚少的情况下，介绍一点西方哲学的基本知识。“哲学”本是日本人对philosophy一词的翻译，原意为“爱智慧”。二十世纪三十年代的中国，虽然国人对“哲学”并不太陌生，但中国有无哲学，尚在争论之中。中国人写的第一部中国哲学史，是胡适的《中国哲学史大纲》，出版于1919年。胡适的方法是汉学的，这部书对文字的训诂、考证比较详细，对史料真伪的鉴别占了大半篇幅，而对义理的体会、了解比较肤浅，所以金岳霖曾说这部书像是个研究中国思想的美国人写的，明确说西洋哲学与名学非胡适之所长。冯先生则不同，他所重在义理之学，而且他明确说过，在二十世纪二十年代中期，他的主观愿望是向中国介绍西方哲学。这一点贯彻在他的两卷本《中国哲学史》中，也贯彻在这本《小史》中。所以《小史》全书有一个简短的序言，其中说道，所谓中国哲学，是将中国历史上的各种学问中可与西方所谓“哲学”相当的那一部分选出来加以叙述。照这一标准，中国的先秦诸子学、魏晋玄学、隋唐佛学、宋明道学、清人义理之学皆可归入哲学。因为中国本无哲学，“哲学”乃一西方名词。冯先生这一做法是非常合理的。因为中国虽有所谓义理之学，但由于中国传统思维方法重视洞见，而洞见往往用名言隽语的形式表达，不重逻辑，不重论证，往往说理笼统，语言简略。在当时旧学笼罩一般人头脑的情形下，用西方思想长于逻辑论证来激发、改造、充实中国思维，实在很有必要。在二十一世纪初关于中国哲学合法性的讨论中，很多人对冯先生这个方法提出批评，说他用西方思维方法、西方哲学内容来建立中国哲学范式，这种批评实是不了解中国当日学术界的情形。

冯先生将他在《中国哲学史》中对哲学内容的分类照搬到《小史》中，这段文字说：“希腊哲学家往往分哲学为三大部分：一、物理学，二、伦理学，三、逻辑学。而且将之用当时通用的哲学名词表述为：一、形上学，二、人生哲学，三、方法论。具体说来，中国思想中讲天道的部分相当于西方的形上学，讲性命的部分相当于西方的人生哲学，但西方的方法论，中国学问在先秦思想中尚有，但两汉以后极少，宋明道学中有所谓为学之方，但讲的多是修养方法而非求知的方法。”冯先生以上方法，为此后中国哲学的方向和规模奠定了基础。此后的中国哲学研究，多沿着这一方法继长增高，冯先生作为中国哲学体系化、深刻化的开创者，其功绩也体现在《小史》中。

二是对中国主流思想的提揭和发扬。本书认为，中国思想之大端，在先秦及宋明。先秦主要是儒、墨、名、道诸家，宋明主要是周、张、二程、朱子、陆王。另外，本书为“百科小丛书”中的一本，意在简明，又受篇幅的限制，故对离主流思想稍远的，皆舍去不讲。如视魏晋玄学为先秦道家的继续，视清代义理之学为宋明道学的继续，视隋唐佛学为印度传来的宗教思想，皆非中国思想主流，故舍去不讲。而五行、八卦之学，因与中国古代学术相关甚大，又源远流长没有中断，所以用了较多篇幅。

（二）

先秦诸家是中国思想的源头，历来受到研究者的重视。冯先生选取孔子、墨子、孟子、老子、名家、庄子、荀子、五行八卦几节加以论述。对于孔子，《小史》着重于孔子在中华文化中的承先启后作用，认为中国思想变动最激烈的，莫过于春秋战国时期。孔子身处其时，目睹“人心不古，世风日下”的社会现实，起而为旧制度的拥护者，并给予拥护的理由。孔子的政治主张为“正名”，具体内容为“君君，臣臣，父父，子子”，即要使各个身份的人皆尽其道，名实相符。孔子欲以“正名”来挽救时弊。孔子在政治方面拥护旧制，但主张结合新的时代条件对礼乐加以损益。在道德哲学方面，则有新的见解。孔子的道德学说，主要是关于“仁”的阐发。孔子对“仁”的解说甚多，最基本的，仁是人的性情的至真及合乎礼的流露，是本其同情心以推己及人。孔子以此为一贯之道，具体表现为忠恕，行仁的方法简易直接。冯先生另一个着重点是指出，仁是全德，孔子即以仁统摄孝、忠、勇等，其他如义、礼、智、信，皆是仁的自然包含。仁既然是真性情的自然流露，那就只问心安与否，不问其行为是否对自己或社会有利。孔子一生亦“君子之仕也，行其义也。道之不行，已知之矣”。这已开后来董仲舒的“正其谊不谋其利，明其道不计其功”之先河。孟子继承了这一点，而与墨家之说大异其趣。这就是冯先生心目中的孔子，终其一生，冯先生都对孔子表尊敬之情。

对墨家，冯先生注目于其功利主义及与儒家的不同，认为孔子是无所为而为，墨子是有所为而为。墨子著名的“三表”法，其本质是功利，一切事为的价值，皆以此来衡定。人民富庶，这是国家之大利，而对之无直接功用者，皆是有害的。国家人民之大害，莫过于战争，故墨家倡兼爱、非攻之说。儒家代表士阶层，故需一定的文饰礼仪，而自功利眼光看来，皆无用之物，应予摒弃。故墨家倡导节用、节葬、非乐、短丧之说。自知非位高权重，故主张天志、明鬼，用天帝鬼神之暗中赏罚来儆戒世人。而鬼神之赏罚实是自己行为所招致，故又非命。

关于墨子的政治主张，冯先生引西方近代思想家霍布斯加以说明，说墨家描述的人之初生之世，无有国家，人与人种种争夺、战斗的情形，正与霍布斯所谓“天然状态”相似。而国家刑政既立之后，在下者须层层与代表国家的天子相同。天子代天发号施令，人民必须服从天子。如将墨子此意推行到底，则除了政治的制裁外无社会的制裁，宗教的制裁也成了政治制裁的附庸。墨子的尚同，与霍布斯有相同之处。而依墨子天子上同于天之说，则上帝与主权者之意志相合为一。墨子所说的天子，已是君主而兼教皇矣。当然在宗教精神淡薄的中国古代社会，本无霍布斯所说的政教合一那种情形，冯先生这一说法不过是借墨子思想向国人介绍西方古代政治制度知识而已。

在孟子一节，冯先生继续介绍西方哲学知识，说孟子、荀子是孔子之后儒学二大师，孔子在西方哲学史中的地位类似苏格拉底，孟子的高明亢爽类似柏拉图，荀子的笃实沉博类似亚里士多德。对孟子，冯先生介绍较多的是其王道政治。在孟子的王道理想中，其天子必是有大德者；此大德的选拔，必以民意。这就是“天听自我民听”。圣王是人间的杰特之人，也是天选中的代理人。孟子理想的经济制度是井田制，井田制是对古老的制度赋予新的含义，即由土地为贵族所有，转变为国家公有；农民代耕公田，不再是为贵族服役，而是为国家交赋税。农民耕种私田，出产为自己所有，这是王道的基础。还要行仁政，仁政的根据在人人皆具的“不忍人之心”。帝王以其不忍人之心推之于天下人，即“老吾老以及人之老，幼吾幼以及人之幼，天下可运于掌”。此即推己及人，絜矩之道。冯先生特别点出，孔子多将仁用于个人修养，而孟子则推广及于政治及社会；孔子的仁及忠恕等多及于“内圣”，孟子则更及于“外王”。因为仁的基础作用，所以孟子思想中重要的一点即对人之善性的论证。认为人皆有四端，此四端即仁义礼智四德的端萌，是人性善的证明。人好的行为，是扩充四端的结果；不好的行为，是放失四端的结果。故“学问之道无他，求其放心而已矣”。更进一步，人是与天地并存的“三才”之一，人之善性，得之于天，天道人道合而为一。故孟子说“尽其心者，知其性也。知其性则知天矣”。天是人的善性的形而上根据，所以孟子说“万物皆备于我”，“上下与天地同流”。冯先生解释孟子，有一可注意之点，即注重孟子思想中的神秘主义成分。他在论述孟子天道人道为一时，有一个小注，说到中西神秘主义的种种表现，这则小注两卷本《中国哲学史》即有，冯先生移入《小史》，文字一仍其旧，而且是《小史》中唯一的注语，可见冯先生十分关注这个问题。此注中说道，神秘主义有种种不同的意义。中国哲学中的神秘主义，指“万物一体”境界。此境界是个人精神与宇宙精神合一的状态。但常因后起的隔阂，致二者分离。这种后起的隔阂，如佛教所谓“无明”，道学所谓“私欲”，阻碍个人与宇宙精神合一。若能以精神修养去除隔阂，则人与宇宙精神复合而为一。中国哲学中孟子、庄子皆以此神秘主义境界为最高境界，但达至此境界的修养方法不同。庄子所用的方法在纯粹经验之忘我，孟子所用的方法，在通过“爱”而去私。孟子的“反身而诚，乐莫大焉”“强恕而行，求仁莫近焉”“上下与天地同流”，皆去私后与宇宙精神合一的神秘境界。及孟子强调的所谓养浩然之气，养气中之“必有事焉而勿正，心勿忘，勿助长”，亦此种神秘境界养成中自然而然、不急躁亦不停息的状态。冯先生一生持理性主义精神，在哲学上尤其服膺程颐、朱子的涵养用敬、格物致知之说，虽为现代新儒家之代表，但也有很强的道家精神。此处以小注的形式说到万物一体之神秘境界，亦意在提醒读者它是一种个体性很强的心灵体验，一般人还应以理性的、大众化的知识途径与修养途径为学问正路。

道家是中国哲学的重要学派，人物众多，学说纷杂。《中国哲学史》中，冯先生提到的道家人物有《论语》中所载“隐者”之徒、杨朱、老子、庄子、宋牼、尹文、汉初黄老之学等。而在《小史》中，则只论老、庄，而且认为，道家之有老、庄，犹儒家有孟、荀，为中国哲学中不可或缺的重要学说。冯先生先从比较儒、道两家入手，谓中国哲学中，天为首出概念，但各家着眼不同，孔子、墨子之天，乃主宰之天；孟子之天，常为义理之天，含道德之意；而老子之天，乃自然之天，取消了主宰、道德之意。古人所谓道，常指人道，而老子则赋予形上学意义，指天地万物的总原理、总根据。道是自然如此，故“道常无为而无不为”。德即物所得于道而以成其物者，故“道生之，德畜之，物形之，势成之”。人贵在知道，知德，依道德而行，故“知常曰明，不知常，妄作，凶”。道的运行法则为反、复，故“反者道之动”，“万物并作，吾以观复”。唯其如此，所以应知变化之则：“正复为奇，善复为妖。”“将欲翕之，必固张之；将欲弱之，必固强之。”冯先生特别指出，此非主观上之阴谋，而是客观上有此法则。此与黑格尔的正反合历史进化通则有相同的地方。黑格尔说事物发展至极点，必变为其反面，这是由正而反。老子的“大直若屈，大巧若拙”，是合中包含了正、反。老子的理想人格，常以婴儿譬之，因为婴儿符合“无知无欲”“去甚、去奢、去泰”的简单法则。老子的得道之人，是“大智若愚”；老子的理想社会，是“圣人之治，虚其心，实其腹，弱其志，强其骨，常使民无知无欲”；老子的理想国家，是“小国寡民”，是包含野蛮之文明社会。道家的主张，各个方面皆与儒家不同。

老子思想，言道言德，着重于万物的原理，自然哲学极强，而庄子则多言人生哲学。庄子对道的理解，多在自然而然一面。所以庄子以为人之幸福就在顺应其自然之性，能为逍遥之游者，必是顺自然之性者；大鹏之抟扶摇而上九万里，学鸠之在树丛间起落，皆合其性分，故皆为逍遥。在自然适性的映照下，各种社会形态皆给人痛苦。因为物之性各各不同，在同一的制度下，必有不适应者。最好是听任其不同，以不齐为齐。故庄子主张在宥天下，反对治理天下。庄子反对人为地制定出规矩准绳，主张人有绝对自由，而之所以不自由者，因为被世间各种高下、是非所束缚；欲达到自由，首先要齐物论、齐是非。如《齐物论》问何为正处、正味、正色，所答各各不同。既然不同是无法避免的，不若听其自尔，无须辩论。此谓休于天钧，把握道枢，处其环中。“是之谓两行”。有了这样的态度，不仅物论可齐，是非可齐，生死亦可齐。《庄子》中多处论到齐生死。只有齐生死，才能破除生之可恋，死之可痛，达到哀乐不能入，保持人的自由的本来状态。比齐生死更为洒落的是无生死，即与宇宙万物为一。冯先生以西方现代哲学家威廉·詹姆斯的“纯粹经验”来解释。所谓纯粹经验，即只直觉它是如此，而不追问它是什么；与物俯仰，在在皆同，而不用名言分别，有似佛家所谓“现量”。“是非之彰也，道之所以亏也。道之所以亏，爱之所为成”。不识知，不区别，无对待，在在与之为一。到此境地，无有隔阂，无有阻遏，可以觉到“天地与我并生，万物与我为一”了。冯先生认为，这是一种神秘体验，它与孟子经由积累道德行为而有的“养浩然之气”不同。庄子所用的方法，是在知识上取消一切分别，“乘天地之正，御六气之辩，以游无穷者”，它与孟子所讲的，构成中国哲学史上的双璧，分流并峙。但庄学此方法，魏晋以后即无人再讲，而孟子的方法，有宋明道学家为之发挥提倡。两种神秘主义方法，际遇实不同。

名家是冯先生几种中国哲学史著都着力介绍的，其原因大概如下。一、中国哲学长于政治哲学、伦理哲学，中国哲学家着眼于解决实际问题，不擅长形上思辨，其中唯一代表纯粹形上学的，只有名家。如不着意阐发，中国哲学将成为一无形上学的哲学系统。无形上学，则哲学失去其灵魂。二、冯先生是个善于形上思考的哲学家，他的理想是不仅要做哲学史家，更要做哲学家，而且是有深刻形上学系统的哲学家。他的《新理学》明显地表明了这一点。在《新理学》绪论中冯先生曾说道："在中国哲学史中，对于所谓真际或纯真际有充分的知识者，在先秦推公孙龙，在以后推程朱。他们对于此方面之知识，不是以当时之科学的理论为根据，亦不需用任何时代之科学的理论为根据，所以不随科学理论之变动而变动。"所以他对名学始终有浓厚的兴趣。三、冯先生自言区分名家为合同异与离坚白两派是他研究中国哲学史两个重要发现之一："战国时论及辩者之学，皆总而言之曰'合同异、离坚白'，或总指其学为'坚白同异之辩'，此乃笼统言之。其实辩者之中，当分二派：一派为'合同异'，一派为'离坚白'。前者以惠施为首领，后者以公孙龙为首领。"

冯先生先列举惠施的"历物十事"，认为惠施的特点是，一切事物皆是变动的、有限的、相对的。世俗所谓同异，是具体物之间的同异，这是"小同异"。而从"至大无外"的观点看事物，自其同处看，则万物莫不同；自其异处看，则万物莫不异。故万物可谓毕同毕异，这是"大同异"。惠施倡导从大处着眼，看出"天地与我并生，万物与我为一"，由此"泛爱万物"。冯先生并且指出，庄子的齐物论，是在惠施的基础上转进一步，惠施只说出了知识上的结论，庄子则又有无言、无知、心斋、坐忘等体会万物一体的修养方法。

对公孙龙，冯先生重点介绍其“白马非马”“离坚白”，由此带出《公孙龙子·指物论》的内容，指出辩者与一般人从常识出发不同，辩者着眼于名。从名上说，“白马”与“马”内涵与外延皆不同。一个“名”有指有物。“指”指其共相，“物”指占时间、空间的个体事物。如个体的马，是物；“白”与“马”皆共相，皆指。公孙龙立说，多就共相说，故“白马非马”。而从常识的观点看，可视为诡辩。“离坚白”也是从共相着眼，将一块既白且坚的石块析为“坚”与“白”两个共相，因为从经验获得此共相的通道不同，如视，得白不得坚；触，得坚不得白。不得坚、白时，坚、白“藏”。而此藏为“自藏”，即感觉不到。故“坚白离”。这说明一切共相皆分离而有独立的存在。此所谓“离也者，天下皆独而正”。

在辩者之后，冯先生还叙述了后期墨家。后期墨家是战国后期的墨学，着重于知识论与逻辑学，还有一部分关于当时自然科学的讨论。这部分史料保存于《墨子》书中，称为“墨辩”或《墨经》。后期墨家是对辩者的反动，因为辩者从形上学出发，所讲的多与常识相反，后期墨家则继承了墨子的传统，注重实用，对于事物的看法，多据常识立论，故有较多知识论内容。冯先生将后期墨家的论述分为三类：第一类是关于知识活动的，此类又分三点，一是知识的性质与起源，二是知识的来源，三是知识的种类；第二类是关于辩论的功用与规则的；第三类是关于同异之辩及当时对名家两派特别是离坚白的批评。这些内容，冯先生用西方逻辑学和知识论的相关理论加以解释，对国人重新认识和估价中国古代逻辑学和知识论内容，起了很好的作用。后来的《中国哲学简史》和《中国哲学史新编》，只是在这些基本内容上的细化和加深，及符合当时哲学潮流的评价，解释框架和论述范围并无大的变化。从中更可看出《小史》的可贵之处。

荀子是先秦儒学大师，虽与孟子俱尊孔子，但二人之气质、学说截然不同。冯先生依照现代西方哲学家威廉·詹姆斯区分柏拉图和亚里士多德的方法，判孟子为软心的哲学家，荀子为硬心的哲学家。因为孟子有唯心论倾向，而荀子有唯物论倾向。在荀子看来，孟子许多有神秘意味的思想，特别是他的修养方法、境界体验，真可谓“僻违而无类，幽隐而无说，闭约而无解”。但荀子与孟子，就像道学中有程朱、陆王二大派，其不能无，亦不须无。

冯先生首先从宇宙观着眼，认为孔子所说的天，是主宰之天；孟子所说的天，有时是主宰之天，有时是命运之天，有时是义理之天；而荀子所说的天，主要是自然之天，并认为这是受了老、庄的影响。荀子言自然之天，其中无道德的成分，所以其言人性，主张性恶说。此点与孟子正相反。但人性虽恶，经过后天的教育，可以成为善人，故“途之人可以为禹”。此又与孟子的“人皆可以为尧舜”殊途同归。荀子强调的是后天的教化、熏习，人皆可以通过积学，久久为功，成为知礼义法度的君子。冯先生特别注目者，在荀子对国家社会的起源与礼义制度的根据的说明。在荀子看来，人生来具有聪明才智，知道人若不组成社会则无法生存，组成社会需一定的群居法则，即道德规范。所以，道德是人生活之必需。同理，人需要制定礼乐来实现社会、道德对人的规范作用，所以有礼；礼的作用在“养人之欲，给人之求”，即满足人的本能欲求，文饰人的自然情感。这在人的丧祭活动中表现最为明显。如丧礼是为了满足人对死者的哀敬之情，同时也是安藏人的肉体生命使之终结。祭礼是为了安顿对死者志意思慕之情。一方面郑重其事，一方面知其为“无形影之事”，丧祭之礼是人的理智与情感双重作用的结果，是自然哲学与社会哲学调和的产物。

冯先生对荀子介绍的另一要点是其名学与逻辑学。冯先生指出，孔子、孟子皆欲正名，孔子正名的内容是“君君，臣臣，父父，子子”，孟子正名的内容是使人有人之名所当有之实，重点在伦理方面，而无逻辑的兴趣。即使西方古代大哲，如苏格拉底的“以归纳法求定义”，也只有伦理的兴趣。柏拉图讲理念，其伦理的兴趣也大于逻辑的兴趣。至亚里士多德，才有专讲逻辑的著作。而荀子生当辩者正盛之时，他所讲的正名，逻辑的兴趣甚大。荀子关于名的理论，如“制名之枢要”之类，冯先生皆不介绍，他介绍的是荀子对时人辩论中常出的逻辑错误的纠正。荀子把当时常出现的逻辑错误归纳为三种，第一种是“惑于用名以乱名”，第二种是“惑于用实以乱名”，第三种是“惑于用名以乱实”。用现在的话说，即偷换概念、以偏概全、以全否认偏。避免这三种逻辑错误的方法冯先生没有说，在两卷本《中国哲学史》中有较为详细的论说。《小史》中重在中西对比，故提出与古希腊的不同即够了。

先秦部分重点介绍的还有五行、八卦。冯先生指出，五行八卦之学之所以重要，首先因为它是中国上古时代注重天人之际，注重天道人事互相影响这一观念在后代的衍化。五行出于《尚书·洪范》，本义是讲构成万物的五种质素及其功能，如水之润下，火之炎上，木之可曲可直，金之可保留原状可熔炼使之改变形状，土之可以种植作物等性质特点。但自战国末年始，五行家赋予五行更多性质，使之代表五种天然势力，每种势力皆有盛衰之时，并使五行相生相克。特别是汉代五行家将之用于政治，讲“五德终始”之说。谓每一朝代皆代表一德，其服色制度，皆受此“德”的支配。代之而起的，必是五行中能克此德者。八卦是冯先生大加发挥的，因为它是影响中国人的思维方式甚为深切的《周易》的来源。《周易》特别是其中的“十翼”，大力彰显的是“天地絪缊，万物化醇”的原理：天为万物的产生者，地为万物的长养者；阖辟是乾坤的活动方式，“一阴一阳之谓道”是《周易》的基本原理，循环往复是事物运动变化的法则。冯先生还指出，易学中有象数派，其注重数，与希腊之毕达哥拉斯学派多有相同之点。毕氏认为天是一个和声，在天文与音乐中，最可看出数的功用。中国自汉以后讲律吕与历法者，皆以易之数为本。冯先生讲到阴阳家的合理之处时特别提到：“阴阳家之学，虽杂有许多迷信，而中国科学萌芽，则多在其中。盖阴阳家之主要的动机，在于立一整个的系统，以包罗宇宙之万象而解释之。其方法虽误，其知识虽疏，然其欲将宇宙间诸事物系统化，欲知宇宙间诸事物之所以然，则固有科学之精神也。”并认为这是秦汉在政治上统一中国后，其学术亦欲统一整个宇宙，使之整齐化、系统化的努力。这些论断，与冯先生一贯的理性精神、一贯地重视格物穷理是一致的。

在《佛教、道教与道学》一节中，冯先生提到一个特别重要的观点：中国人是天然的唯物论者，他们对于主体之外的客体，皆认为是实有的。说外界事物必依人之认识始存在，中国人多视为非常可怪之论。所以佛教所谓“三法印”中所讲，中国人多给予另外的解释。如三法印中的“涅槃寂静”，中国人多以动来解释静，如僧肇的方法就是“岂释动以求静，必求静于诸动”。佛教所谓“净心”，也是能“繁兴大用”的。印度社会中因种姓制度而有的一部分人无佛性之说，中国人也以“人皆可以为尧舜”“途之人可以为禹”去改变它。对佛教的轮回说，中国人也以“未知生，焉知死”“未能事人，焉能事鬼”将之改造为当世成就理想人格，拒绝来世。至于道教中的长生之术，一般人皆视为迷信，但冯先生所注目的是道教中一部分人欲以其作为战胜天然的努力。因为道教中有“窃天地之机”“夺取阴阳造化机”等役使万物以为人用的思想。这实际上表明人注重用科学方法控御自然。冯先生在当时对科学的一般认识上提出，科学有两方面，一方面注重确切，一方面注重权力。对事物的确切知识，也即统治自然的权力。道教对于控御事物，缺乏确切知识，所以对自然事物的解释多是神话，用以控御自然事物的方法，多为魔术，而魔术常常是科学的先驱。道教中的“黄白之术”即可视为中国化学的先驱。冯先生这个说法，吸收了西方哲学的观点，连同上面的阴阳家学说，欲向当时科学哲学、文化人类学所知甚少的中国人，传播一点相关知识。

（三）

宋明道学是冯先生注目的重点，这不仅因为它是中国古代学术最高最后的形态，更因为冯先生是现代新儒家的著名代表，他的思想和人格中有着强烈的道学成分。众所周知，他的“新理学”就是以程颐、朱熹的思想融会西方新实在论的观点而成。他的《新原人》中关于人生境界的思想，也吸收了很多道学家的人格修养学说。

冯先生在道学家中选出周敦颐、邵雍、张载、二程、朱子、陆九渊、王阳明八人，分四节叙述。对周敦颐，着重介绍其《太极图说》中的宇宙论，而不及其《通书》，对邵雍，着重其数学。他指出，周敦颐的象学所据在《太极图》，此图前段用太极生两仪，后段则不用八卦而用五行，虽末尾赞《易》，但非根据《周易》，是取道士所用讲修炼之图，给予新解释。此图于后之道学诸家特别是朱子的宇宙论，影响甚大。周敦颐之学有象无数，而邵雍之学则兼有象数。邵雍的方法在“太极不动，性也。发则神，神则数，数则象，象则器”。即，太极不动，是性；发而为动静，是神；两仪、四象、八卦、六十四卦是数，也是象；天地日月土石等具体事物，是器。神无方而易无体，易只言象，象是公式，具体事物按照这些公式生长发育。邵雍突出的是天地万物所据以发生发展的象与数，而这些都是先天的，不是人造出来的；先天的即是本有的、强制的。

对张载，冯先生着重叙述他的气学，即其“太虚即气”“一物两体”“太和”诸说，认为气的散而未聚的状态即太虚，太虚非绝对的虚无。气中涵有浮沉、升降、动静相感之性，即阴阳两种互相对立的势力，此即“一物两体”。“一”表现为清通不可象之神，“两”表现为细缊相荡、胜负屈伸之气。气聚为具体物，可为感官把握；气散为太虚，太虚不能为感官把握。但感官能把握的，固可说为有；感官不能把握的，也不能判为无。只有幽明，无有有无。在此基础上，冯先生的着眼点在张载的伦理学，即“大其心则能体天下万物”的方法。这个方法或境界重在去除我与非我的界限而使个体与宇宙万物合一。只有破除闻见的桎梏，才能体天下万物。“其视天下无一物非我”，即尽天道的境界。达此境界，“立必俱立，知必周知，爱必兼爱，成不独成”。万物一体境界，冯先生认为是对孟子“万物皆备于我”的神秘主义的推衍。

对于二程，冯先生沿用了他在《中国哲学史》中的说法，特别提醒读者注意，程氏兄弟的学说，过去多视为一家之学；二程也笼统称为程子，不加分别。而二人学说实大不同，开此后宋明道学程朱、陆王两派。程颐为程朱派的中坚人物，程颢为陆王派的先驱。对程颢，冯先生着重介绍其“仁者与天地万物为一体”的境界，与“学者须先识仁，识得此理，以诚敬存之”，及“必有事焉，而勿正，心勿忘，勿助长，未尝致纤毫之力”的方法。并在庄子“至人之用心若镜，不将不迎”的映照下，讲程颢《定性书》中的“普万物而无心，情顺万物而无情”“廓然而大公，物来而顺应”的境界，并说明，道学的境界虽有似于庄子，而亦有大不同：庄子应付情感的方法，是“以理化情”，至人无情感。道学家主张情感可有，见可喜可恶之事亦有情感之喜怒，但其人之喜怒，乃因此事可喜可怒，故为“情顺万物而无情”。

程颐的修养方法，冯先生所重者在其“格物穷理”。他在朱子一节中，重点发挥的，即此点。首先，冯先生指出，朱子是北宋道学的集大成者，他的思想，以周敦颐的《太极图说》为骨干，融合邵雍的数学、张载的气学、二程兄弟的理学，而加以贯通。朱子首重理与气、太极与阴阳之分。理是形而上者，气构成的具体器物是形而下者。冯先生着重说明的是，所谓理、形而上者，是超时空的潜存（subsist）；所谓器、形而下者，是时空中的存在（exsist）。超时空者，无形无象，故称为太极。周敦颐所谓“无极而太极”，指“无形而有理”。无此理便无此事物，有此事物是因为有此理。所以，天下之物，无论是天然的还是人为的，皆有其所以然之理，且其理逻辑上在事物之先。故凡可能有之物，在形而上之理世界中，本已具有其理。“形而上之理世界，实已极完全之世界也”。这已开后来贞元六书中《新理学》之先河。

冯先生并且指出：一事物之理，即事物最完全的形式，亦即此事物的最高标准。天下有无穷的事物，故所有事物的理的抽象，就是太极。太极是天地万物的最高标准。由此而言，太极就是柏拉图所谓“好”之概念，亚里士多德所谓“上帝”。冯先生注意到朱子所说的理的两个方面：“所以然之故”和“所当然之则”。“所以然之故”是一类事物特有的，而“所当然之则”是所有事物都有的，也可以说，每一事物，不但有此事物之所以然之理，而且有太极之全体。即朱子所谓“人人有一太极，物物有一太极”。这个道理虽然和华严宗的“月印万川”相似，但也有不同。华严宗的“因陀罗网”境界，说的是一具体事物包含所有的具体事物，“一即一切，一切即一”，而朱子说的是一事物包含一切事物之理。一切事物之理并非一切事物。

气则是构成具体事物的材质，具体事物皆气造成，但气的造物，必有理为其依据。理是一类事物的形式，气是造成事物的质料。理气无时间上的先后，但有逻辑上的先后，因为理是超时空的永恒存在者，气是时空中的变化者。太极中有动静之理，气因此理而有实际的动静。此气中之理，就是此事物的性。不唯人有性，物亦有性，“天下无性外之物”。

人也是理与气合的产物。人能知觉思虑，是气的作用，但人有知觉思虑之理。朱子论心性情三者的关系，仁是性，恻隐是情，须从心上发出来。这就是“心统性情”。冯先生赞同朱子此说，认为人的性，其中有道德的原理，即仁义礼智。但为气禀所蔽，不能全然显露。所谓圣人，即是能去除气禀之蔽，使太极全体完全显露出来者。一般人之私欲虽亦遮蔽天理，但终究有未遮蔽处；须就其未蔽处努力用工夫。工夫分两方面，一是“涵养须用敬”，一是“进学在致知”。常记心中有未蔽之明，就是用敬工夫；而之所以必须用格物工夫，是因为人之性即天下事物的理之全体，穷天下事物之理，即穷吾性中之理。今日穷一理，明日穷一理，穷之既多，则有豁然顿悟之时。顿悟则见万物之理皆在吾性中。到此境界，则如朱子所说“众物之表里精粗无不到，而吾心之全体大用无不明”。在所有中国古代思想家中，冯先生对朱子思想论述最为详尽，引用最为丰富，因为是自己“新理学”哲学体系的重要来源。

本书最后一节论陆象山、王阳明。冯先生学宗朱子，对于陆王，着重于在程朱学的立场上论证理学、心学之不同。对于陆九渊，冯先生着重于其心即理中之此理具在、物各付物，认为和程颢的“廓然大公，物来顺应”相当。对象山弟子杨慈湖，也注重其《绝四记》中以直为心。“直”即见孺子入井而有恻隐之心之直截反应，转念则为“曲”为“意”；任心直往，随感而应，也与“廓然大公，物来顺应”一致。冯先生反对一般认为朱陆异同在朱子偏重道问学，象山偏重尊德性，认为说象山不十分重视道问学可，说朱子不重视尊德性则不可。冯先生特别指出，一般认为朱陆只是为学或修养方法不同，但实则朱陆之不同，主要在本体论之不同。朱子是实在论，只能言“性即理”，不能言“心即理”；而象山是唯心论，所以言心即理，不特别区为心与性，而认为心性为一。也就是说，朱子所见的实在，是两个世界，一为时空中的器世界，一为超时空的理世界。而象山所见的实在，只有一个世界，此世界与心为一，故象山言“宇宙便是吾心，吾心即是宇宙”。从本体论着眼，比从工夫论着眼更加根本。因为工夫论服从本体论，是本体论在修养路径上的表现。

对王阳明，首重其《大学问》之“万物一体”，认为与程颢之《识仁篇》一致，而所言更为明晰确切；也与陆象山之“宇宙不曾限隔人，人自限隔宇宙”相同。一体之仁，有本心与圣人境界二义，前者是基础、根源，后者是工夫所至，修养所得。前者即孟子所谓良知，后者即对良知的扩充、实行，是致良知的结果。明德之本体，就是良知；明此明德、亲民就是致良知。不自欺其良知，就是诚意、正心；自致其良知，就是格物、致知。《大学问》是王阳明用自己的致良知学说解说《大学》，可以把王阳明的全部学说贯通融释。冯先生以此解说王阳明的成熟学问，故把握准确，要言不烦。冯先生并且再次强调理学与心学的不同，认为王阳明简易直截，所说与朱子确实不同。两家的不同，一在朱子的格物，是即物穷理，心与物为二；王阳明的格物，是致良知于事物，使事物符合天理，是合心与理为一。朱子所谓心，是“具众理而应万事”的心，故即物穷理，是穷吾心中之理、穷吾性中之理。王阳明批评朱子析心与理为二，实际上并不确当。阳明言“心外无理，心外无物”，故有孝亲之心，即有孝亲之理；无孝亲之心，即无孝亲之理。而依朱子，则只能言有孝之理，故有孝亲之心；无孝之理，即无孝亲之心。因为朱子所谓理，可以离心而独存，虽无此事实，而有此可能。而在王阳明，则在事实上与逻辑上，无心即无理。阳明哲学中，无形而上与形而下世界的区分。这是朱子学与阳明学的根本不同处。

冯先生以王阳明为本书作结，他的解释是，清代学问风尚转为汉学，汉学家鄙薄宋学，以为杂佛老而言儒家经学。清代人也有讲理学、心学的，但无有显著的新见，更无成体系的大家。所讨论的问题，不出宋明理学家；所根据的经典，也不出四书，故略去不讲。

冯先生的《小史》，作于其成名作两卷本《中国哲学史》出版之后，可视为两卷本的节略；很多重要文字，就是直接删节两卷本而成。但一些重要的、能说明问题的原著征引，却并未精简。冯先生生前曾自撰墓联曰：三史释今古，六书纪贞元。三史者，《中国哲学史》《中国哲学简史》《中国哲学史新编》，没有算上这本《小史》。大概冯先生觉得它太小，只是两卷本的节略，不足以表现他体大思精的中国哲学全史。但本书虽小，却是他中国哲学史思想的袖珍表现，可以使读者花较少的时间和精力，集中地、凝练地掌握中国哲学的重要内容。在纸张、印刷极为方便的今天，书印得都很大很厚，这本小书好像不起眼。但读一本掌中珍品，一本举重若轻的书，恰似清风拂面，舒适惬意。《小史》是冯先生八十多年前给予当世人的礼物，也为后人留下了一套回甘无穷的精美小馔。

张学智

北京大学哲学系、国学研究院教授

目录

引　言

“哲学”本一西洋名词。今讲中国哲学史，其主要工作之一，即是就中国历史上各种学问中，将其可以西洋所谓哲学名之者，选出而叙述之。中国历史上诸种学问，其中有西洋所谓哲学之成分者，有先秦诸子之学、魏晋之玄学、隋唐之佛学、宋明之道学及清人之义理之学。

希腊哲学家往往分哲学为三大部：（一）物理；（二）伦理；（三）论理。其所谓物理、伦理、论理，其范围较现在此三名所指为广。以现在术语言之，哲学包含三大部：（一）形上学；（二）人生哲学；（三）方法论。《论语》谓“其言性与天道”。诸子之学等学问中，其言天道之部分，即约略相等于西洋哲学中之形上学；其言性命之部分，即约略相等于西洋哲学中之人生哲学。但西洋哲学中方法论之部分，在先秦诸子之学中，尚有与约略相当者；此后讲此方面者，在中国可谓绝无仅有。此后所谓道学及义理之学，固亦有其方法论，即所讲为学之方是也，不过其所讲之方法乃修养之方法，非求知之方法耳。

魏晋之玄学，即先秦诸子之学中道家之学之继续。隋唐之佛学，虽亦有甚大势力，然终非中国思想之主流。清代之义理之学，乃宋明道学之继续。故此小史所述，仅详于先秦诸子之学及宋明之道学。

孔子

孔子对于当时政治之见解为守旧的，但在道德哲学方面，则有甚新的见解，自成一系统，为后来儒家学说之基础。此方面孔子之主要学说，为其对于仁之见解。《论语》中言仁处甚多。

孔子

中国之文化，至周而具规模。但至春秋之时，原来之周制，在社会、政治、经济各方面，皆有根本的改变。此种种大改变发动于春秋，而完成于汉之中叶，此数百年为中国社会进化之一大过渡时期。此时期中，人所遇环境之新，所受解放之大，除吾人现在所遇所受者外，在中国已往历史中，殆无可以比之者。即在世界已往历史中，除近代人所遇所受者外，亦殆无可以比之者。故中国之上古时期，诚历史中之一重要时期也。

在一社会之旧制度日即崩坏之过程中，自然有倾向于守旧之人，目睹“人心不古，世风日下”，遂起而为旧制度之拥护者，孔子（西历纪元前551年—前479年）即此等人也。不过在旧制度未摇动之时，只其为旧之一点，便足以起人尊敬之心。若其既已动摇，则拥护之者，欲得时君世主及一般人之信从，则必说出其所以拥护之之理由，与旧制度以理论上的根据。此种工作，孔子已发其端，后来儒家者流继之。儒家之贡献，即在于此。

然因大势之所趋，当时旧制度之日即崩坏，不因儒家之拥护而终止。继孔子而起之士，有批评或反对旧制度者，有欲修正旧制度者，有欲另立新制度以替代旧制度者，有反对一切制度者。此皆过渡时代旧制度失其权威，新制度尚未确定，人皆徘徊歧路之时，应有之事也。儒家既以理论拥护旧制度，故其余方面与儒家意见不合者，欲使时君世主及一般人信从其主张，亦须说出其所以有其主张之理由，与之以理论上的根据。荀子所谓十二子之言，皆“持之有故，言之成理”者也。人既有注重理论之习惯，于是所谓名家“坚白同异”等辩论之只有纯理论的兴趣者，亦继之而起。盖理论化之发端，亦即哲学化之开始也。孔子即此运动之开始者，故后人以之为“至圣先师”，虽不必对而亦非无由也。

孔子为当时旧制度之拥护者，故其对于当时政治之主张，以为苟欲“拨乱世而反之正”，则莫如使天子仍为天子，诸侯仍为诸侯，大夫仍为大夫，陪臣仍为陪臣，庶人仍为庶人。使实皆如其名，此即所谓正名主义也。孔子认此为极重要。故《论语》云：“子路曰：‘卫君待子而为政，子将奚先？’子曰：‘必也正名乎！’”（《论语·子路》）“齐景公问政于孔子，孔子对曰：‘君君，臣臣，父父，子子。’公曰：‘善哉！信如君不君，臣不臣，父不父，子不子，虽有粟，吾得而食诸？’”（《论语·颜渊》）盖一名必有一名之定义，此定义所指，即此名所指之物之所以为此物者，亦即此物之要素或概念也。如“君”之名之定义之所指，即君之所以为君者。“君君，臣臣，父父，子子”，上“君”字乃指事实上之君，下“君”字乃指君之名，君之定义。臣、父、子均如此例。若使君臣父子皆如其定义，皆尽其道，则“天下有道”矣。孔子目睹当时之“君不君，臣不臣，父不父，子不子”，故感慨系之，而借题发挥曰：“觚不觚，觚哉！觚哉！”（《论语·雍也》）孔子以为当时因名不正而乱，故欲以正名救时之弊也。

孔子对于当时政治之见解为守旧的，但在道德哲学方面，则有甚新的见解，自成一系统，为后来儒家学说之基础。此方面孔子之主要学说，为其对于仁之见解。《论语》中言仁处甚多。总而言之，仁者，即人之性情之真的及合礼的流露，而即本同情心以推己及人者也。《论语》云：“巧言令色，鲜矣仁！”（《论语·学而》）又云：“刚、毅、木、讷近仁。”（《论语·子路》）巧言令色矫饰以媚悦人，非性情之真的流露，故“鲜矣仁”。“刚毅木讷”之人，质朴有真性情，故“近仁”也。《论语》又云：“樊迟问仁。子曰：‘爱人。’”（《论语·颜渊》）仁以同情心为本，故爱人为仁也。《论语》又云：“宪问耻。……‘克、伐、怨、欲，不行焉，可以为仁矣？’子曰：‘可以为难矣，仁则吾不知也。’”（《论语·宪问》）焦循曰：“孟子称公刘好货，太王好色，与百姓同之，使有积仓而无怨旷。孟子之学，全得诸孔子。此即己达达人，己立立人之义。必屏妃妾，减服食，而于百姓之饥寒仳离，漠不关心，则坚瓠也。故克伐怨欲不行，苦心絜身之士，孔子所不取，不如因己之欲，推以知人之欲。即己之不欲，推以知人之不欲。絜矩取譬不难，而仁已至矣。绝己之欲则不能通天下之志，非所以为仁也。”（《论语补疏》）

孔子又云：“民之过也，各于其党，观过斯知仁矣。”（《论语·里仁》）人之性情之真的流露或有所偏而为过，然要之为性情之真的流露，故“观过斯知仁矣”。《论语》又云：“颜渊问仁。子曰：‘克己复礼为仁。一日克己复礼，天下归仁焉。为仁由己，而由人乎哉？’颜渊曰：‘请问其目。’子曰：‘非礼勿视，非礼勿听，非礼勿言，非礼勿动。’”（《论语·颜渊》）仁为人之性情之真的，而又须为合礼的流露也。

《论语》又云：“仲弓问仁。子曰：‘出门如见大宾，使民如承大祭。己所不欲，勿施于人，在邦无怨，在家无怨。’仲弓曰：‘雍虽不敏，请事斯语矣。’”（《论语·雍也》）又云：“子贡曰：‘如有博施于民，而能济众，何如？可谓仁乎？’子曰：‘何事于仁？必也圣乎！尧舜其有病诸！夫仁者，己欲立而立人，己欲达而达人，能近取譬，可为仁之方也矣。’”（《论语·雍也》）“为仁之方”在于“能近取譬”，即谓为仁之方法在于推己以及人也。“因己之欲，推以知人之欲”，即“己欲立而立人，己欲达而达人”，即所谓“忠”也。即“己之不欲，推以知人之不欲”，即“己所不欲，勿施于人”，即所谓“恕”也。实行忠恕即实行仁。《论语》云：“子曰：‘参乎，吾道一以贯之。’曾子曰：‘唯！’子出，门人问曰：‘何谓也？’曾子曰：‘夫子之道，忠恕而已矣。’”（《论语·里仁》）孔子一贯之道为忠恕，亦即谓孔子一贯之道为仁也。为仁之方法如此简易。故孔子曰：“仁远乎哉？我欲仁，斯仁至矣。”

宋明哲学家陆王一派，假定人本有完全的良知，假定“满街都是圣人”，故以为人只须顺其良知而行，即万不致误。孔子初无此意，人之性情之真的流露，本不必即可顺之而行而无不通。故孔子注重“克己复礼为仁”。然礼犹为外部之规范，除此外部之规范外，吾人内部尚自有可为行为之标准者。若“能近取譬”，推己及人，则吾人之性情之流露，自合乎适当的分际。故仁为孔子“一贯”之道，中心之学说。故《论语》中亦常以仁为人之全德之代名词，曰：“求仁而得仁，又何怨？”（《论语·述而》）曰：“若圣与仁，则吾岂敢？”（《论语·述而》）曰：“有杀身以成仁，无求生以害仁。”（《论语·卫灵公》）此所谓仁皆指人之全德而言也。

惟仁亦为全德之名，故孔子常以之统摄诸德。宰予以三年之丧为期已久，孔子谓为不仁，是仁可包孝也。以后孟子言“未有仁而遗其亲者”，《中庸》言“所求乎子以事父”，皆谓仁人或行忠恕之人自然孝也。孔子以“微子去之，箕子为之奴，比干谏而死”，为“殷有三仁”，是仁可包忠也。以后孟子言“未有仁而后其君者”，《中庸》言“所求乎臣以事君”，皆谓仁人或行忠恕之人自然忠也。孔子谓令尹子文及陈文子：“未知，焉得仁？”（《论语·公冶长》）是仁可包智也。“仁者必有勇”

（《论语·宪问》），是仁可包勇也。

观上所述，可知孔子亦注重人之性情之自由。人之性情之真的流露，只须其合礼，即是至好，吾人亦即可顺之而行矣。《论语》曰："子绝四：毋意，毋必，毋固，毋我。"（《论语·子罕》）又曰："子曰：'可与共学，未可与适道。可与适道，未可与立。可与立，未可与权。'"（《论语·子罕》）"我则异于是，无可无不可。"（《论语·微子》）

盖依上所述，吾人行为之标准，至少一部分是在内的而非在外的，是活的而非死的，是可变的而非固定的。故吾人之行为，可因时因地，随吾人性情之所之，而有相当的不同。此所谓"毋意，毋必，毋固，毋我"也。此所谓"我则异于是，无可无不可"也。若对于一切，皆执一定之规则，则即所谓"可与立，未可与权"者也。

人之性情之真的流露，只须其合礼，即是至好。至其发于行为，果为有利于社会或个人与否，不必问也。事实上凡人性情之真的及合礼的流露之发于行为者，对于社会多有利，或至少亦无害，但孔子则不十分注意于此。如三年之丧制，本可以曾子所谓"慎终追远，民德归厚"（《论语·述而》）之说，与以理论的根据，但孔子则只谓“不行三年之丧，则吾心不安，行之则吾心安”（《论语·阳货》）。此制虽亦有使“民德归厚”之有利的结果，但孔子不以之作三年之丧之制之理论的根据也。孔子不注重行为之结果，其一生行事，亦是如此。子路为孔子辩护云：“君子之仕也，行其义也，道之不行，已知之矣。”（《论语·微子》）“道之不行，已知之矣”，而犹席不暇暖，以求行道，所以石门晨门谓孔子为“知其不可而为之者”（《论语·卫灵公》）也。董仲舒谓：“正其谊不谋其利，明其道不计其功。”“君子之仕也，行其义也”，即“正其谊”“明其道”也。至于道之果行与否，其结果之“利”也，“功”也，不必“谋”，不必“计”矣。《论语》云：“子罕言利。”（《论语·子罕》）孔子云：“君子喻于义，小人喻于利。”（《论语·里仁》）此孔子及孟子一贯之主张，亦即其与墨家根本不同处也。

观上所述，又可知孔子之哲学，极注重人之心理方面。故后来儒家皆注重心理学。孔子云：“性相近也，习相远也。”（《论语·阳货》）对于性虽未有明确的学说，然以注重心理学之故，性善性恶，遂成为后来儒家之大问题矣。

墨子

人民之富庶，即为国家百姓人民之大利。故凡对之无直接用处或对之有害者，皆当废弃。所以吾人应尚节俭，反对奢侈。故墨子主张节用、节葬、短丧、非乐。

墨子

墨子（西历纪元前479年？—前381年？[1]）在孔子后，其学为继承孔子之儒家之反对派。墨子书中反对儒家之处甚多，盖墨家哲学与儒家哲学之根本观念不同。儒家“正其谊不谋其利，明其道不计其功”。而墨家则专注重“利”，专注重“功”。试就孔子个人及墨子个人之行为考之，“孔席不暇暖，墨突不暇黔”，二人皆栖栖遑遑以救世之弊。然二人对于其自己行为之解释，则绝不相同。子路为孔子解释云：“君子之仕也，行其义也。道之不行，已知之矣。”（《论语·微子》）此谓孔子之所以欲干预政治，乃以“应该”如此，至于如此之必无结果，“道之不行”，则“已知之矣”。但墨子对于其自己之行为之意见则不然。《墨子·贵义》云：“子墨子自鲁即齐，过故人，谓子墨

① 编者注：墨子的生卒年存在争议，《辞海》记载为约公元前468年—前376年。

子曰：‘今天下莫为义，子独自苦而为义，子不若已。’子墨子曰：‘今有人于此，有子十人，一人耕而九人处，则耕者不可以不益急矣。何故？则食者众而耕者寡也。今天下莫为义，则子如劝我者也，何故止我？’”此谓为义者虽少，然有一二人为之，其“功”犹胜于无人为之，其结果终是天下之“利”也。孔子乃无所为而为，墨子则有所为而为。

“功”“利”乃墨家哲学之根本意思。《墨子·非命上》云：“子墨子言曰：‘必立仪。言而毋仪，譬犹运钧之上而立朝夕者也，是非利害之辨，不可得而明知也。故言必有三表。’何谓三表？子墨子言曰：‘有本之者，有原之者，有用之者。于何本之？上本之于古者圣王之事。于何原之？下原察百姓耳目之实。于何用之？发以为刑政，观其中国家百姓人民之利。此所谓言有三表也。’”此三表中，最重要者乃其第三，“国家百姓人民之利”，乃墨子估定一切价值之标准。凡事物必中国家百姓人民之利，方有价值。国家百姓人民之利，即是人民之“富”与“庶”。凡能使人民富庶之事物，皆为有用，否者皆为无益或有害。一切价值，皆依此估定。

人民之富庶，即为国家百姓人民之大利。故凡对之无直接用处或对之有害者，皆当废弃。所以吾人应尚节俭，反对奢侈。故墨子主张节用、节葬、短丧、非乐。

一切奢侈文饰，固皆不中国家人民之利，然犹非其大害。国家人民之大害，在于国家人民之互相争斗，无有宁息；而其所以互相争斗之原因，则起于人之不相爱。故墨子以兼爱之说救之。以为兼爱之道不惟于他人有利，且于行兼爱之道者亦有利；不惟“利他”，亦且“利自”。《墨子》之《兼爱篇》纯就功利方面证兼爱之必要。此墨家兼爱之说所以与儒家之主张仁不同也。

天下之大利，在于人之兼爱；天下之大害，在于人之互争。故吾人应非攻。墨子非攻；孟子亦曰：“善战者服上刑。”但墨子之非攻，因其不利；孟子之反对战争，则因其不义。观孟子与宋牼辩论之言可见矣（《孟子·告子下》）。宋牼欲见秦楚之王，说构兵之“不利”，而使之“罢之”。孟子则主张以仁义说秦楚之王。宋牼不必即一墨者，但此点实亦孟子与墨子所以不同也。

墨子虽以为兼爱之道乃惟一救世之法，而却未以为人本能相爱。墨子以人性为素丝，其善恶全在“所染”（《墨子·所染》）。吾人固应以兼爱之道染人，便交相利而不交相害；然普通人民，所见甚近，不易使其皆有见于兼爱之利，“交别”之害。故墨子注重种种制裁，以使人交相爱。墨子书中有《天志》《明鬼》《非命》诸篇，以为有上帝鬼神之存在，赏兼爱者而罚交别者。上帝神鬼及国家之赏罚，乃人之行为所自招，非命定也。若以此为命定，则诸种赏罚，皆失其效力矣。故墨子“非命”。

墨子之政治哲学，见于墨子书中《尚同》诸篇。在西洋近代哲学史中，霍布斯（Thomas Hobbes）以为人之初生，无有国家，在所谓“天然状态”之中。于其时人人皆是一切人之仇敌，互相争夺，终日战争。人不满意于此状态，故不得已而设一绝对的统治者而相约服从之。国家之起源如此，故其威权，应须绝大，不然则国家解体而人复返于“天然状态”中矣。国家威权之绝对，有如上帝，不过上帝永存，而国家有死而已。（*Leviathan*，Pt. Ⅱ，chap. 17）墨子之政治哲学，正与霍布斯所说极相似。

在未有国家刑政之时，既因是非标准之无定而大乱；故国家既立之后，天子之号令，即应为绝对的是非标准。天子上同于天，国君上同于天子，家长上同于国君，个人上同于家长。在下者皆须同于上，而在上者又惟以兼相爱交相利为令，如此则天下之人，必皆兼相爱，交相利矣。荀子云：“墨子有见于齐，无见于畸。”（《荀子·天论》）其所以“无见于畸”，止因其太“有见于齐”也。所尤可注意者，墨子虽谓人皆须从天志，然依“尚同”之等级，则惟天子可上同于天。天子代天发号施令，人民只可服从天子。故依墨子之意，不但除政治的制裁外无有社会的制裁，即宗教的制裁亦必为政治的制裁之附庸。此意亦复与霍布斯之说相合。霍布斯亦以为教会不能立于国家之外而有独立的主权，否则国家分裂，国即不存。他又以为若人民只奉个人的信仰而不服从法律，则国亦必亡。（*Leviathan*，Pt. Ⅱ，chap. 29）依墨子天子上同于天之说，则上帝及主权者之意志，相合为一，无复冲突。盖其所说之天子，已君主而兼教皇矣。

孟子

孟子以为人皆有恻隐、羞恶、辞让、是非之四端。扩而充之，则为仁、义、礼、智之四德。四德为人性发展之自然结果，而人之所以须发展人性，因必如此方为尽“人之所以为人者”，非因四德为有利而始行之也。

孟子

孔子开以讲学为职业之风气，其弟子及以后儒者，多以讲学为职业，所谓“大者为师傅卿相，小者友教士大夫”也。然能“以学显于当世”者，则推孟子（西历纪元前372年？—前289年？）、荀卿。二人实孔子后儒家二大师也。孔子在中国历史中之地位，如苏格拉底之在西洋历史。孟子在中国历史中之地位，如柏拉图之在西洋历史，其气象之高明亢爽亦似之。荀子在中国历史之地位，如亚里士多德之在西洋历史，其气象之笃实沉博亦似之。

就一面言，孟子对于周制仍持拥护态度；自又一方面言之，则孟子自有其新的政治哲学。孟子之理想的政治制度中仍有天子、诸侯等阶级，但以为政治上之高位，必以有德者居之。其理想的政治制度，为以有圣人之德者居天子之位。此圣人既老，则在其死以前预选一年较少之圣人，先使为相以试之。及其成效卓著，则荐之于天，以为其自己之替代者。及老圣人既死，此少圣人即代之而为天子。然天之意不可知，可知者民意而已。民果归之，即天以天下与之，故荐之于天，即荐之于民也。“匹夫有天下，德必若舜禹，而又有天子荐之者。”（《孟子·万章上》）盖无天子荐之，则不能先为相以自试，不能施泽于民，民不归之也。此理想与柏拉图《共和国》之主张极相似。

孟子之理想的经济制度即所讲井田制度是也。其所讲井田制度，即就原有之井田制度，转移观点，将其变为含有社会主义性质的经济制度也。所谓转移观点者，盖古代土地为国君及贵族所私有，农民受土地于贵族，为之做“助耕之氓”，为之做农奴。故原有之井田制度，乃为贵族之利益。依孟子之理想，乃土地为国家所公有，人民受土地于国家而自由耕种之。其每井中公田之出产，虽仍可为国君、卿大夫之禄，“以代其耕”，但农民之助耕公田，乃如纳税于国家之性质，非如农奴为地主服役之性质。此理想中之制度，乃使民“养生送死无憾”，乃为人民之利益。故谓孟子所说之井田制度，即古代所实行者，非也。谓孟子所说之井田制度，纯乎为理想，为创造，亦非也。二者均有焉。

以上所述之各种理想的制度，即孟子所谓王道、王政或仁政也。仁政何以必须行，仁政何以能行？孟子曰：“人皆有不忍人之心，先王有不忍人之心，斯有不忍人之政矣。”（《孟子·公孙丑上》）“不忍人之政”，即仁政也。“人皆有不忍人之心”，不忍见人之困苦，此即仁政之所以必须行也。人既皆有此心为仁政之根据，此即仁政之所以能行也。孟子因齐宣王不忍一牛之“觳觫而就死地”，断其必能行王政。曰：“老吾老以及人之老，幼吾幼以及人之幼，天下可运于掌。《诗》云：‘刑于寡妻，至于兄弟，以御于家邦。’言举斯心加诸彼而已。故推恩，足以保四海；不推恩，无以保妻子。古之人所以大过人者无他焉，善推其所为而已矣。”（《孟子·梁惠王上》）齐宣王谓己好货好色，不能行王政。孟子言：“王如好货”，“王如好色”，“与百姓同之，于王何有”？（《孟子·梁惠王下》）因己之好货好色，即推而与百姓同之，即“举斯心加诸彼”也。若实现此心于政事，则其政事即仁政矣。“善推其所为”，即仁也，即忠恕也。孔子讲仁及忠恕，多限于个人之修养方面。孟子则应用之于政治及社会哲学。孔子讲仁及忠恕，只及于“内圣”；孟子则更及于“外王”。

“人皆有不忍人之心”，即所谓人性皆善也。陈澧曰：“孟子所谓性善者，谓人人之性皆有善也，非谓人人之性，皆纯乎善也。”（《东塾读书记》卷三）孟子所谓性善，只谓人皆有仁、义、礼、智之四“端”，此四“端”若能扩而充之，则为圣人。人之不善，皆不能即此四“端”扩而充之，非其性本与善人殊也。故曰：“若夫为不善，非才之罪也。”（《孟子·告子上》）

人何以必须扩充此善端？此亦一问题也。若依功利主义说，则人之扩充善端于社会有利，否则有害，此即墨子主张兼爱之理由也。惟依孟子之意：则人之必须扩充此善端者，因此乃人之所以为人也。孟子曰：“人之所以为人者几希，庶民去之，君子存之。”（《孟子·离娄下》）人之所以为人，即人之要素，人之名之定义，亦即人之所以别于禽兽者也。人之所以为人者，即人之有人心。《孟子》云：“从其大体为大人，从其小体为小人。……耳目之官，不思而蔽于物，物交物则引之而已矣。心之官则思，思则得之，不思则不得也。此天之所与我者，先立乎其大者，则其小者不能夺也。此为大人而已矣。”（《孟子·告子下》）亚里士多德《伦理学》谓饮食及情欲乃人与禽兽所共有，人之所以别于禽兽者，惟在其有理性耳。“心之官则思”，能思即有理性也。能思之心为人所特有，乃“天之所以与我”者，所以为大体也。耳目之官，乃人与禽兽所同有，所以为小体也。若只“从其小体”，则不惟为小人，且为禽兽矣。“耳目之官，不思而蔽于物，物交物则引之而已。”若听其自然，则能“陷溺其心”（《孟子·告子上》），人之所以有不善者，即以此也。能思之心，所好者为礼义。故人必有礼义，乃为“从其大体”。从其大体，乃得保人之所以为人，乃合乎人之定义。否则人即失其所以为人，而与禽兽同。“人见其禽兽也，而以为未尝有才焉者，是岂人之情也哉？”（《孟子·告子上》）

人性中皆有善端，如扩而充之，则人人皆可以为圣人，此人所皆可以自期许者也。至于人生中他方面之成败利钝，则不能计，亦不必计。孟子曰：“若夫成功则天也，君如彼何哉，强为善而已矣。”（《孟子·梁惠王下》）又曰：“哭死而哀，非为生者也。经德不回，非以干禄也。言语必信，非以正行也。君子行法以俟命而已矣。”（《孟子·尽心下》）此所谓天所谓命，皆指人力所无奈何之事，所谓“莫之为而为者天也，莫之致而致者命也”。

于此亦可知孟子所以反对利之故矣。孟子以为人皆有恻隐、羞恶、辞让、是非之四端。扩而充之，则为仁、义、礼、智之四德。四德为人性发展之自然结果，而人之所以须发展人性，因必如此方为尽“人之所以为人者”，非因四德为有利而始行之也。四德之行，当然可生于社会有利之结果，此结果虽极可贵，然亦系附带结果。犹之艺术家之作品，固可使人愉悦，然此乃附带的结果，彼艺术家之创作，则所以表现其理想与情感，非为求人悦乐愉快也。

不过孟子虽主张义，反对利，然对于义利之辨，未有详细说明，故颇受后人之驳诘。惟孟子与墨者夷之辩薄葬之说，颇可显其非功利主义之态度。彼云："盖上世尝有不葬其亲者，其亲死则举而委之于壑。他日过之，狐狸食之，蝇蚋姑嘬之，其颡有泚，睨而不视。夫泚也，非为人泚，中心达于面目。盖归反虆梩而掩之，掩之诚是也，则孝子仁人之掩其亲，亦必有道矣。"（《孟子·滕文公上》）又曰："古者棺椁无度。中古棺七寸，椁称之。自天子达于庶人。非直为棺美也，然后尽于人心。"（《孟子·公孙丑下》）墨家之攻击儒家厚葬久丧，主节葬短丧，纯从功利主义立论。而孟子则不纯从功利主义立论。厚葬久丧，对社会固亦有利。"慎终追远，民德归厚矣。"此从功利主义立论以主张厚葬久丧者也。然孟子则但谓厚葬为"尽于人心"，此儒家之精神也。

孟子之所谓天，有时似指主宰之天，如"尧荐舜于天"之天。有时似指运命之天，如上所说者。有时则指义理之天。孟子因人皆有仁、义、礼、智之四端而言性善。人之所以有此四端，性之所以善，正因性乃“天之所与我者”，人之所得于天者。此性善说之形上学的根据也。孟子云：“尽其心者，知其性也。知其性则知天矣。存其心，养其性，所以事天也。夭寿不贰，修身以俟之，所以立命也。”（《孟子·尽心上》）心为人之“大体”，故“尽其心”“知其性”。此乃“天之所与我者”，故“尽其心”“知其性”，亦“知天”矣。孟子又云：“夫君子所过者化，所存者神，上下与天地同流，岂曰小补之哉？”（《孟子·尽心上》）又云：“万物皆备于我矣，反身而诚，乐莫大焉。强恕而行，求仁莫近焉。”（《孟子·尽心上》）“万物皆备于我”“上下与天地同流”等语，颇有**神秘主义**之倾向。其本意如何，孟子所言简略，不能详也。

【注】“神秘主义”一名，有种种不同的意义。此所谓神秘主义，乃专指一种哲学，承认有所谓“万物一体”之境界。在此境界中，个人与“全”（宇宙之全）合而为一，所谓人我内外之分，俱已不存。普通多谓此神秘主义必与唯心论的宇宙论相关连。宇宙必为唯心论的，宇宙之全体，与个人之心灵，有内部的

关系；个人之精神，与宇宙之大精神，本为一体，特以有后起的隔阂，以致人与宇宙，似乎分离。佛家所说之无明，宋儒所说之私欲，皆指此后起的隔阂也。若去此隔阂，则个人与宇宙复合而为一，佛教所说之证真如，宋儒所说“人欲尽处，天理流行”，皆指此境界也。不过此神秘主义，亦不必与唯心论的宇宙论相连。如庄子之哲学，其宇宙论非必为唯心论的，然亦注重神秘主义也。中国哲学中，孟子派之儒家，及庄子派之道家，皆以神秘境界为最高境界，以神秘经验为个人修养之最高成就。但两家之所用以达此最高境界、最高目的之方法不同。道家所用之方法，乃以纯粹经验忘我；儒家所用之方法，乃以“爱之事业”（叔本华所用名词）去私。无我无私，而个人乃与宇宙合一。如孟子哲学果有神秘主义在内，则万物皆备于我，即我与万物本为一体也。我与万物本为一体，而乃以有隔阂之故，我与万物，似乎分离，此即不“诚”。若“反身而诚”，回复与万物为一体之境界，则“乐莫大焉”。如欲回复与万物为一体之境界，则用“爱之事业”之方法。所谓“强恕而行，求仁莫近焉”。以恕求仁，以仁求诚。盖恕与仁皆注重在取消人我之界限；人我之界限消，则我与万物为一体矣。此解释果合孟子之本意否不可知，要之宋儒之哲学，则皆推衍此意也。

如孟子哲学中果有神秘主义，则孟子所谓浩然之气，即个人在最高境界中之精神状态。故曰："其为气也，至大至刚；以直养而无害，则塞于天地之间。"（《孟子・公孙丑上》）至于养此气之方法，孟子云："其为气也，配义与道，无是馁也；是集义所生者，非义袭而取之也。行有不慊于心，则馁矣。我故曰：'告子未尝知义，以其外之也。'必有事焉。而勿正，心勿忘，勿助长也。……"（《孟子・公孙丑上》）

此所谓义，大概包括吾人性中所有善"端"。是在内本有，故曰："告子未尝知义，以其外之也。"此诸善"端"皆倾向于取消人我界限。即将此逐渐推扩，亦勿急躁求速，亦勿停止不进［"而勿正"，焦循《孟子正义》引《〈诗（终风）序〉笺》及《庄子（应帝王篇）释文》谓"正之义通于止"］。"集义"既久，则行无"不慊于心"，而"塞乎天地之间"之精神状态，可得到矣。至此境界，则"居天下之广居，立天下之正位，行天下之大道。得志与民由之，不得志独行其道。富贵不能淫，贫贱不能移，威武不能屈。此之谓大丈夫"（《孟子・滕文公下》）。

老子

《老子》以为宇宙间事物之变化，于其中可发现通则。凡通则皆可谓之为“常”。常有普遍永久之义。故道曰常道。所谓：“道可道，非常道。”

老子

孔子之时，据《论语》所载，有“隐者”之徒，对于孔子之行为常有讥评。孟子之时，有杨朱之徒，持“全生保真”之学说。此即后来道家者流之前驱也。后来道家者流，分为老庄二派。道家之有老庄，犹儒家之有孟荀也（《老子》一书出在孟子后，辩论甚多，兹不详举）。

古代所谓天，乃主宰之天。孔子因之，墨子提倡之。至孟子则所谓天，有时已为义理之天。所谓义理之天，常含有道德的唯心的意义，特非主持道德律之有人格的上帝耳。《老子》则直谓“天地不仁”，不但取消天之道德的意义，且取消其唯心的意义。古时所谓道，均谓人道；至《老子》乃予道以形上学的意义。以为天地万物之生，必有其所以生之总原理，此原理名之曰道。故《韩非子·解老》云：“道者万物之所以成也。”《老子》云：“有物混成，先天地生。寂兮寥兮，独立而不改，周行而不殆，可以为天下母。吾不知其名，字之曰道，强为之名曰大。”（《老子》第二十五章）道之作用，并非有意志的，只是自然如此。故曰：“人法地，地法天，天法道，道法自然。”（《老子》第二十五章）道即万物所以如此之总原理，道之作用，亦即万物之作用。但万物所以能成万物，亦即由于道。故曰：“道常无为而无不为。”（《老子》第三十七章）道为天地万物所以然之总原理，德为一物所以然之原理，即《韩非子》所谓“万物各异理”之理也。

《老子》曰：“孔德之容，惟道是从。”（《老子》第二十一章）又曰：“道生之，德畜之，物形之，势成之。是以万物莫不尊道而贵德。道之尊，德之贵，夫莫之命而常自然。”（《老子》第五十一章）《管子·心术上》云：“德者道之舍，物得以生，生得以职道之精。故德者，得也，其谓所得以然也。以无为之谓道，舍之之谓德。故道之与德无间，故言之者无别也。”此解说道与德之关系，其言甚精。由此而言，则德即物之所得于道而以成其物者。《老子》所云“道生之，德畜之”，其意中道与德之关系，似亦如此，特未能以极清楚确定的话说出耳。“物形之，势成之”者，吕吉甫云：“及其为物，则特形之而已，……已有形矣，则裸者不得不裸，鳞介羽毛者，不得不鳞介羽毛，以至于幼壮老死，不得不幼壮老死，皆其势之必然也。”形之者，即物之具体化也。物固势之所成，即道德之作用，亦是自然的。故曰：“道之尊，德之贵，夫莫之命而常自然。”

《老子》以为宇宙间事物之变化，于其中可发现通则。凡通则皆可谓之为“常”。常有普遍永久之义。故道曰常道。所谓：“道可道，非常道。”（《老子》第一章）自常道内出之德，名曰常德。所谓：“常德不忒，复归于无极。……常德乃足，复归于朴。”（《老子》第二十八章）至于人事中可发现之通则，则如：“取天下常以无事。”（《老子》第四十八章）“民之从事，常于近成而败之。”（《老子》第六十四章）“天道无亲，常与善人。”（《老子》第七十九章）凡此皆为通则，永久如此。吾人贵能知通则，能知通则为“明”。《老子》中数言“知常曰明”，可知明之可贵。“知常”即依之而行，则谓之“袭明”（《老子》第二十七章）。[马夷初先生云：“袭、习古通。”（见《老子校诂》）] 或谓为“习常”（《老子》第五十二章）。若吾人不知宇宙间事物变化之通则，而任意作为，则必有不利之结果。所谓：“不知常，妄作，凶。”（《老子》

第十六章）

事物变化之一最大通则，即一事物若发达至于极点，则必一变而为其反面。此即所谓“反”，所谓“复”。《老子》云：“反者道之动。”（《老子》第四十章）又云：“大曰逝，逝曰远，远曰反。”（《老子》第二十五章）又云：“万物并作，吾以观复。”惟“反”为道之动，故“祸兮福之所倚，福兮祸之所伏”“正复为奇，善复为妖”（《老子》第五十八章）。惟其如此，故“曲则全，枉则直，洼则盈，敝则新，少则得，多则惑”（《老子》第二十二章）。惟其如此，故“飘风不终朝，骤雨不终日”。惟其如此，故“以道佐人主者，不以兵强天下，其事好还”。惟其如此，故“天之道其犹张弓欤，高者抑之，下者举之。有余者损之，不足者补之”（《老子》第七十七章）。惟其如此，故“天下之至柔，驰骋天下之至坚”（《老子》第四十三章）。“天下莫柔弱于水，而攻坚，强者莫之能胜”（《老子》第七十八章）。惟其如此，故“物或损之而益，或益之而损”（《老子》第四十二章）。凡此皆事物变化自然之通则，《老子》特发现而叙述之，并非故为奇论异说。而一般人视之，则以为非常可怪之论。故曰：“正言若反。”（《老子》第七十八章）故曰：“玄德深矣远矣，与物反矣，乃至于大顺。”（《老子》第六十五章）故曰：“下士闻道大笑之，不笑不足以为道。”（《老子》第四十一章）

事物变化既有上述之通则，则“知常曰明”之人，处世接物，必有一定之方法。大要吾人若欲如何，必先居于此如何之反面。南辕正所以取道北辙。故“将欲歙之，必固张之；将欲弱之，必固强之；将欲废之，必固兴之；将欲夺之，必固与之”（《老子》第三十六章）。此非《老子》之尚阴谋，《老子》不过叙述其所发现耳。反之，则将欲张之，必固歙之；将欲强之，必固弱之。故“圣人后其身而身先，外其身而身存。非以其无私耶，故能成其私”（《老子》第七章）。此“知常曰明”之人所以自处之道也。

一事物发展至极点，必变为其反面。其能维持其发展而不致变为其反面者，则其中必先包含其反面之分子，使其发展永不能至极点也。故“大成若缺，其用不弊；大盈若冲，其用不穷；大直若屈，大巧若拙，大辩若讷”（《老子》第四十五章）。“知常曰明”之人，知事物真相之如此，故“知其雄，守其雌，为天下溪。……知其白，守其黑，为天下式。……知其荣，守其辱，为天下谷”（《老子》第二十八章）。总之：“圣人去甚，去奢，去泰。”（《老子》第二十九章）其所以如此，盖恐事物之发展若“泰”“甚”，则将变为其反面也。黑格尔谓历史进化，常经“正”“反”“合”三阶级。一事物发展至极点必变而为其反面，即由“正”而“反”也。“大直若屈，大巧若拙。”若只直则必变为屈，若只巧则必“弄巧反拙”。惟包含有屈之直，有拙之巧，是谓大直大巧，即“正”与“反”之“合”也。故大直非屈也，若屈而已；大巧非拙也，若拙而已。“知常曰明”之人，“知其雄，守其雌”，常处于“合”，故能“殁身不殆”矣。

老子理想中之人格，常以婴儿比之；盖婴儿知识欲望皆极简单，合乎“去甚，去奢，去泰”之意也。故曰：“含德之厚，比于赤子。”（《老子》第五十五章）圣人治天下，亦欲使天下人皆如婴儿，故曰：“圣人在天下，歙歙然为天下浑其心，圣人皆孩之。”（《老子》第四十九章）《老子》又以愚形容有修养之人，盖愚人之知识欲望亦极简单也。故曰：“我愚人之心也哉！沌沌兮，俗人昭昭，我独昏昏；俗人察察，我独闷闷。澹兮其若海，飂兮若无止。众人皆有以，我独顽似鄙。”（《老子》第二十章）圣人治天下，亦欲使天下人皆能如此，故曰：“古之善为道者非以明民，将以愚之。”（《老子》第六十五章）“不以智治国”，即欲以“愚”民也。然圣人之愚，乃修养之结果，乃“大智若愚”之愚也。“大智若愚”之愚，乃智愚之“合”，与原来之愚不同。《老子》所谓“圣人之治，虚其心，实其腹，弱其志，强其骨。常使民无知无欲”（《老子》第三章）。此使民即安于原来之愚也。此民与圣人之不同也。

老子之理想的社会，为“小国寡民”之简单组织，如《老子》第八十章所说。此非只是原始社会之野蛮境界，此乃包含有野蛮之文明境界也。非无舟舆也，有而无所乘之而已。非无甲兵也，有而无所陈之而已。“甘其食，美其服”，岂原始社会中所能有者？可套《老子》之言曰：“大文明若野蛮。”野蛮的文明乃最能持久之文明也。

惠施、公孙龙、《墨经》

辩者之说行后，儒墨二家，对之俱有反动。盖辩者所持之论，皆与吾人之常识违反。儒墨之学，皆注重实用，对于宇宙之见解，多根据常识。见辩者之“然不然，可不可”，皆以为“怪说琦辞”而竞起驳之。

惠施

公孙龙

诸子中之名家，当时称为“辩者”。其中有惠施、公孙龙二派。惠施之学说见《庄子·天下》所述十事。据《庄子·天下》所述，惠施谓：“至大无外，谓之大一；至小无内，谓之小一。”“日方中方睨，物方生方死。”“大同而与小同异，此之谓小同异；万物毕同毕异，此之谓大同异。”“泛爱万物，天地一体也。”其大意乃从“至大无外”之观点，指出一切事物之为变的，有限的，相对的。“日方中方睨，物方生方死”，一切事物之为变的，皆如此也。天下之物，若谓其同，则皆有相同之处，谓万物毕同可也。若谓其异，则皆有相异之处，谓万物毕异可也。至于世俗所谓同异，此物与彼物之同异，乃小同异，非大同异也。世俗所谓同异，是相对的，所谓一体，亦是相对的，故曰：“泛爱万物，天地一体也。”庄子谓“天地与我并生，而万物与我为一”（《庄子·齐物论》），亦此意也。

惠施之十事，若照上文所解释，与《庄子》之《齐物论》《秋水》等篇中所说，极相近矣。然《庄子·齐物论》甫言“天地与我并生，而万物与我为一”；下文即又言“既已为一矣，且得有言乎？”此一转语，乃庄子与惠施所以不同之处。盖惠施只以知识证明“万物毕同毕异”“天地一体”之说，而未言若何可以使吾人实际经验“天地一体”之境界。庄子则于言之外，又言“无言”；于知之外，又言不知；由所谓“心斋”“坐忘”，以实际达到忘人我，齐死生，万物一体，绝对逍遥之境界。故《庄子·天下》谓庄子“上与造物者游，而下与外死生无终始者为友”。至谓惠施，则“弱于德，强于物，其涂隩矣”。由此观之，庄子之学，实自惠施又进一步也。

名家之别一派为公孙龙。公孙龙在当时有名之辩论，为“白马非马”及“离坚白”。“白马非马”者，马之名所指只一切马所共有之性质，只一马（as such），所谓“有马如已耳”（“已”似当为“己”，“如己”即as such之意）。其于色皆无“所定”，而白马则于色有“所定”，故白马之名之所指，与马之名之所指，实不同也。白亦有非此白物亦非彼白物之普通的白；此即所谓“不定所白”之白也。若白马之白，则只为白马之白，故曰："白马者，自定所白也。定所白者，非白也。"言已为白马之白，则即非普通之白，白马之名之所指，与白之名之所指，亦不同也（引用符号内乃《公孙龙子·白马论》文）。盖公孙龙作"物"与"指"之区别。物为占空间、时间中之位置者，即现在哲学中所谓具体的个体也。如此马、彼马、此白物、彼白物，是也。指者，名之所指也。就一方面说，名之所指为个体，所谓："名者，实谓也。"（《公孙龙子·名实论》）就又一方面说，名之所指为共相。如此马彼马之外，尚有"有马如已耳"之马。此白物彼白物之外，尚有一"白者不定所白"之白。此"马"与"白"即现在哲学中所谓"共相"或"要素"也。公孙龙之立论，多就共相说。故自常识观之，多为诡论。

"离坚白"者，《公孙龙子》有《坚白论》，谢希深注云："坚者不独坚于石，而亦坚于万物，故曰：'未与石为坚而物兼'也。亦不与万物为坚而固当自坚，故曰：'未与物为坚而坚必坚'也。天下未有若此独立之坚可见，然亦不可谓之无坚，故曰：'而坚藏也。'"独立之白，虽亦不可见，然白实能自白。盖假使白而不能自白，即不能使石与物白。若白而能自白，则不借他物而亦自存焉。黄黑各色亦然。白可无石，白无石则无坚白石矣。由此可见坚白可离而独存也。此就形上学上言“坚”及“白”之共相皆有独立的潜存。“坚”及“白”之共相，虽能独立地自坚自白，然人之感觉之则只限于其表现于具体的物者。即人只能感觉其与物为坚与物为白者。然即其不表现于物，亦非无有，不过不能使人感觉之耳。此即《公孙龙子·坚白论》所谓“藏”也。其“藏”乃其自藏，非有藏之者；故《公孙龙子·坚白论》曰：“有自藏也，非藏而藏也。”柏拉图谓个体可见而不可思，概念可思而不可见，即此义也。于此更可见“坚”“白”之“离”矣。岂独“坚”“白”离，一切共相皆分离而有独立的存在，故《公孙龙子·坚白论》曰：“离也者，天下皆独而正。”

《庄子·德充符》曰：“自其异者视之，肝胆楚越也；自其同者视之，万物皆一也。”盖或自物之异以立论，则见万物莫不异；或自物之同以立论，则见万物莫不同。然此特就个体的物言之耳。一个体本有许多性质，而其所有之性质又皆非绝对的。故泰山可谓为小，而秋毫可谓为大。若共相则不然。共相只是共相，其性质亦是绝对的。如大之共相只是大，小之共相只是小。惠施之观点注重于个体的物，故曰“万物毕同毕异”，而归结于“泛爱万物，天地一体”也。公孙龙之观点，则注重于共相，故

"离坚白"而归结于"天下皆独而正"。二派之观点异，故其学说亦完全不同。战国时论及辩者之学，皆总而言之曰："合同异，离坚白。"或总指其学为"坚白同异之辩"。此乃笼统言之。其实辩者之中，当分二派：一派为"合同异"；一派为"离坚白"。前者以惠施为首领；后者以公孙龙为首领。

辩者之说行后，儒墨二家，对之俱有反动。盖辩者所持之论，皆与吾人之常识违反。儒墨之学，皆注重实用，对于宇宙之见解，多根据常识。见辩者之"然不然，可不可"，皆以为"怪说琦辞"而竞起驳之。然辩者立论，皆有名理的根据，故驳之者之立论，亦须根据名理。所以墨家有《墨经》，儒家有《荀子》之《正名篇》，皆拥护常识，驳辩者之说。儒墨不同，而对于反辩者则立于同一观点。盖儒墨乃从感觉之观点以解释宇宙；而辩者则从理智之观点以解释宇宙也。

《墨经》为欲拥护常识，反对辩者，特立论就知识论（epistemology）方面，说知识之性质及其起源。《墨子·经上》云："知，材也。"此知乃吾人所以能知之才能。有此才能，不必即有知识。如眼能视物，乃眼之"明"；但眼有此"明"，不必即有见。盖能见之眼须有所见，方可有见；能知之知须有所知，方可有知也。《墨子·经上》又云："知，接也。"此知乃"能知"遇"所知"所生之知识，人之能知之官能，遇外物即所知，即可感觉其态貌。如能见之眼，见所见之物，即可有见之知识。《墨子·经上》又云："恕，明也。"吾人能知之官能，遇外物即所知，不但能感觉其态貌，且能知其为何物。如见一树，不但感觉其态貌，且知其为树。知其为树，即将此个体的物列于吾人经验中之树之类中，此《墨子·经说》所谓"以知论物"也。如此则凡树所有之性质，吾虽尚未见此树有，亦敢断其必有。于是吾人对于此个体的物之知识乃明确，《墨子·经说》所谓"其知之也著"也。

此外《墨经》又就逻辑方面，论吾人知识之来源及其种类。《墨子·经上》云："知、闻、说、亲、名、实、合、为。"《墨子·经说》云："知，传受之，闻也。方不障，说也。身观焉，亲也。所以谓，名也。所谓，实也。名实耦，合也。志行，为也。""闻、说、亲"，谓吾人知识之来源。"名、实、合、为"，谓吾人知识之种类。"闻"谓吾人由"传受"而得之知识。"说"谓吾人由推论而得之知识。"亲"谓吾人亲身经历所得之知识，即吾人能知之才能与所知之事物相接而得之知识也。

所谓“身观焉”是也。一切知识，推究其源，皆以亲知为本。如历史上所述诸事情，吾人对之，惟有闻知而已。然最初“传”此知识之人，必对于此事有“身观焉”之亲知也。虽吾人未见之物，若知其名，即可推知其大概有何性质，为何形貌，然吾人最始必对此名所指之物之有些个体，有“身观焉”之亲知也。知识论所论之知识即此等知识也。

次论吾人知识之种类有四。“名”谓对于名之知识。名所以谓实也；所谓“所以谓”也。“实”谓吾人对于实之知识。实为名之“所谓”，即名之所指之个体也。“合”谓吾人对于名实相合即所谓“名实耦”之知识。“为”谓吾人知所以做一事情之知识。“志行，为也。”吾人做一事情，必有做此事情之目的，及做此事情之行为；前者谓之“志”，后者谓之“行”。合“志”与“行”，总名曰“为”。

《墨子·小取篇》对于“辩”又有详细的讨论，以为辩之用有六：（一）“明是非”；（二）“审治乱”；（三）“明同异”；（四）“察名实”；（五）“处利害”；（六）“决嫌疑”。其方法为“以名举实，以辞抒意，以说出故”。又论立说之方法有七，即或、假、效、辟、侔、援、推。

《墨经》中之同异之辩，以为所谓同及异，均有四种。故谓此物与彼物同，彼物与此物同，其同同而所以同不必同也。如墨子与墨翟，二名俱指一人，是谓“重同”。手足头目，同为一人之一体，是谓“体同”。同国之人同为一国之人，是谓“合同”。同类之物，皆有相同之性质，是谓“类同”。异亦有四种。必先知所谓同物之同，果为何种之同，所谓异物之异，果为何种之异，然后方可对之有所推论而不致陷于误谬也。此“同异之辩”与“合同异”一派辩者之“同异之辩”，宗旨不同。此虽不必为驳彼而发，然依《墨经》之观点，则惠施与庄子“合同异”之说，实为误谬。惠施谓“万物毕同毕异”。盖因万物虽异，皆“有以同”；万物虽同，皆“有以异”也。然万物“有以同”，谓为类同可也。因此而即曰“万物一体”，是以类同为体同也，其误甚矣。异亦有四种。谓万物毕异，亦应指出其异为何种，不能混言之也。

故辩者主张“合同异”，而《墨经》则主张离同异。辩者主张“离坚白”，《墨经》则主张合坚白。所谓合坚白，即《墨子·经上》所谓“坚白不相外”，以驳公孙龙“离坚白”，即坚白必相外之说也。《公孙龙子·坚白论》谓：“视不得其所坚，而得其所白者，无坚也。拊不得其所白，而得其所坚。得其坚也，无白也。……得其白，得其坚，见与不见离，见不见离，一一不相盈，故离。”《公孙龙子·坚白论》中又述难者之言曰：“目不能坚，手不能白，不可谓无坚，不可谓无白。……坚白域于石，恶乎离？”“石之白，石之坚，见与不见，二与三，若广修而相盈也，其非举乎？”《墨经》所说，正彼难者之言，以为坚白相盈，不相外，同在于石。吾人视石，得白不得坚；吾人拊石，得坚不得白；然此自是吾人之知与不知耳，非关石之有无坚与白也。坚一也，白二也，因见不见离，而谓一二不相盈。然见与不见，与石之有无坚白无关。坚白在石，实如广修之纵横相涵也。《墨子·经说》所谓“不可偏去而二”也。坚白若不在一处，如白雪中之白，与坚石中之坚，坚非白，白亦非坚，坚白可谓为“相外”。若坚白石，则坚白俱“域于石”，合而同体，则坚内有白，白内有坚。《墨子·经说》上所谓“坚白之撄相尽”，所谓“坚得白，必相盈也”，是“坚白不相外也”。

庄子

庄子哲学中之道德二观念，与《老子》同。其对于幸福之观念，则以为凡物皆由道，而各得其德，即是凡物各有其自然之性。苟顺其自然之性，则幸福当下即是，不须外求。

庄子

庄子（西历纪元前369年？—前286年？）哲学中之道德二观念，与《老子》同。其对于幸福之观念，则以为凡物皆由道，而各得其德，即是凡物各有其自然之性。苟顺其自然之性，则幸福当下即是，不须外求。《庄子·逍遥游》故设为极大极小之物，鲲鹏极大，蜩鸠极小。“鹏之徙于南冥也，水击三千里，抟扶摇而上者九万里，去以六月息者也。”“蜩与学鸠笑之，曰：‘我决起而飞，抢榆枋，时则不至而控于地而已矣，奚以之九万里而南为？’”此所谓“故极小大之致，以明性分之适。……苟足于其性，则虽大鹏无以自贵于小鸟，小鸟无羡于天池，而荣愿有余矣。故小大虽殊，逍游一也”（郭象《庄子注》）。

政治上社会上各种之制度，由庄学之观点观之，均只足以予人以痛苦。盖物之性至不相同。一物有一物所认为之好，不必强同，亦不可强同。物之不齐，宜即听其不齐，所谓以不齐齐之也。一切政治上社会上之制度，皆定一好以为行为之标准，使人从之。此是强不齐以使之齐，爱之适所以害之也。圣人作规矩准绳，制定政治上及社会上各种制度，使天下之人皆服从之。其用意虽未尝不善，其用心未尝不为爱人，然其结果则如鲁侯爱鸟，爱之适所以害之。故庄学最反对以治治天下，以为欲使天下治，则莫如以不治治之。《庄子·应帝王》云："汝游心于淡，合气于漠，顺物自然而无容私焉，而天下治矣。"

庄学中之社会政治哲学，主张绝对的自由，盖惟人皆有绝对的自由，乃可皆顺其自然之性而得幸福也。主张绝对的自由者，必主张绝对的平等，盖若承认人与人、物与物间，有若何彼善于此，或此善于彼者，则善者应改造不善者使归于善，而即亦不能主张凡物皆应有绝对的自由矣。庄学以为人与物皆应有绝对的自由，故亦以为凡天下之物，皆无不好，凡天下之意见，皆无不对。此庄学与佛学根本不同之处。盖佛学以为凡天下之物皆不好，凡天下之意见皆不对也。盖人之意见，万有不齐，如必执一以为是，则天下人之意见，果孰为是？正与《庄子·齐物论》所问之孰为正处、正味、正色，同一不能决定也。若不执一以为是，则天下人之意见皆是也。惟其皆是，故听其自尔，而无须辩矣。《庄子·齐物论》云："果且无彼是乎哉？彼是莫得其偶，谓之道枢。枢始得其环中，以应无穷。是亦一无穷，非亦一无穷也。故曰，莫若以明。"有所是则有所非，有所非则有所是；故是非乃相对待的，所谓"偶"也。若听是非之自尔而无所是非，则无偶矣。故曰"彼是莫得其偶，谓之道枢"也。"是亦一无穷，非亦一无穷也"，如一环然。不与有所是非者为循环之辩论，而立于环中以听其自尔。则所谓"枢始得环中，以应无穷"也。《庄子·齐物论》又曰："是以圣人和之以是非，而休于天钧；是之谓两行。""天钧"者，《庄子·寓言》云："万物皆种也，以不同形相禅，始卒若环，莫得其伦，是谓天钧。天钧者，天倪也。""天钧""天倪"若谓万物自然之变化；"休于天钧"，即听万物之自然也。圣人对于物之互相是非，听其自尔。故其态度，即是不废是非而超过之，"是之谓两行"。

凡物皆无不好，凡意见皆无不对，此《庄子·齐物论》之宗旨也。推而言之，则一切存在之形式，亦皆无不好。所谓死者，不过吾人自一存在之形式转为别一存在之形式而已。如吾人以现在所有之存在形式为可喜，则死后吾人所得之新形式，亦未尝不可喜。《庄子·大宗师》曰："特犯（同逢）人之形而犹喜之。若人之形者，万化而未始有极也。其为乐可胜计耶？"知此理也，则可齐生死矣。《庄子·大宗师》曰："浸假而化予之左臂以为鸡，予因以求时夜。浸假而化予之右臂以为弹，予因以求鸮炙。浸假而化予之尻以为轮，以神为马，予因乘之，岂更驾哉？且夫得者，时也（郭云："当所遇之时，世所谓得。"）；失者，顺也（郭云："时不暂停，随顺而往，世谓之失。"）。安时而处顺，哀乐不能入也。此古之所谓悬解也。"哀乐不能入，即以理化情也。斯宾诺莎（Spinoza）以情感为"人之束缚"（human bondage）。若有知识之人，知宇宙之真相，知事物之发生为必然，则遇事不动情感，不为所束缚，而得"人之自由"（human freedom）矣。譬如飘风坠瓦，击一小儿与一成人之头。此小儿必愤怒而恨此瓦；成人则不动情感，而所受之痛苦亦轻。盖成人之知识，知瓦落之事实之真相，故"哀乐不能入"也。《庄子·养生主》谓秦失谓哭老聃之死者云："是遁天倍情，忘其所受，古者谓之遁天之刑。"死为生之天然的结果，对此而有悲痛愁苦，是"遁天倍情"也。"遁天"者必受刑，即其悲哀时所受之痛苦是也。若知"得者，时也；失者，顺也。安时而处顺"，则"哀乐不能入"，不受"遁天之刑"而如悬之解矣。其所以能如此者，则以理化情也。

自又一方面言之，则死生不但可齐，吾人实亦可至于无死生之地位。《庄子·田子方》云："草食之兽，不疾易薮；水生之虫，不疾易水；行小变而不失其大常也。……夫天下者，万物之所一也。得其所一而同焉，则四肢百体将为尘垢，而死生终始将为昼夜，而莫之能滑，而况得丧祸福之所介乎？"《庄子·大宗师》云："夫藏舟于壑，藏山于泽，谓之固矣。然而夜半有力者负之而走，昧者不知也。藏小大有宜，犹有所遁，若夫藏天下于天下，而不得所遁，是恒物之大情也。……故圣人将游于物之所不得遁而皆存。善夭善老，善始善终，人犹效之，又况万物之所系而一化之所待乎？"如能以吾与宇宙合一，"得其所一而同焉"，则宇宙无死生，吾亦无死生；宇宙永久，吾亦永久矣。

然若何方能使个体与宇宙合一耶？曰，在纯粹经验中，个体即可与宇宙合一。所谓纯粹经验（pure experience），即无知识之经验。在有纯粹经验之际，经验者，对于所经验，只觉其是"如此"（詹姆士所谓"that"），而不知其是"什么"（詹姆士所谓"what"）。詹姆士所谓纯粹经验，即是经验之"票面价值"（face value），即是纯粹所觉，不杂以名言分别（见詹姆士《急进的经验主义》（*Essays in Radical Empiricism*，三十九页）。佛家所谓现量，似即是此。庄学所谓真人所有之经验，即是此种。其所处之世界，亦即此种经验之世界也。《庄子·齐物论》云：“古之人其知有所至矣。恶乎至？有以为未始有物者，至矣尽矣，不可加矣。其次以为有物矣，而未始有封也。其次以为有封矣，而未始有是非也。是非之彰也，道之所以亏也。道之所以亏，爱之所为成。”有经验而不知有物，不知有封（即分别），不知有是非，愈不知则其经验愈纯粹。在经验之中，所经验之物，是具体的，而名之所指，是抽象的。所以名言所指，实只经验之一部。譬如“人”之名之所指，仅系人类之共同性质。至于每个具体的人之特点个性，皆所不能包括。故一有名言，似有所成而实则有所亏也。凡一切名言区别，皆是如此。故吾人宜只要经验之“票面价值”，而不须杂以名言区别。

有名言区别即有成，有成即有毁。若纯粹经验，则无成与毁也。故达人不用区别，而止于纯粹经验，则庶几矣。其极境虽止而又不知其为止。至此则物虽万殊，而于吾之知识上实已无区别。至此则真可觉“天地与我并生，而万物与我为一”矣。

人至此境界，始可绝对的逍遥矣。盖一切之物，苟顺其性，虽皆可以逍遥，然一切物之活动，皆有所倚赖，即《庄子·逍遥游》中所谓“待”。《庄子·逍遥游》曰：“列子御风而行，泠然善也。旬有五日而后返。彼于致福者，未数数然也。此虽免乎行，犹有所待者也。”列子御风而行，无风则不得行，故其逍遥有待于风。推之世上一般人或必有富贵而后快，或必有名誉而后快，或必有爱情而后快。是其逍遥有待于富贵、名誉或爱情也。有所待则必得其所待，然后逍遥。故其逍遥亦为其所待所限制，而不能为绝对的。若至人既已“以死生为一条，可不可为一贯”（《庄子·德充符》中语），其逍遥即无所待，为无限制的，绝对的。故《庄子·逍遥游》曰：“若夫乘天地之正，御六气之辩，以游无穷者，彼且恶乎待哉？故曰：‘至人无己，神人无功，圣人无名。’”（《庄子·逍遥游》中语）“乘天地之正，御六气之辩，以游无穷者”，即与宇宙合一者也。其所以能达此境界者，则因其无己，无功，无名，而尤因其无己。

此庄学中之神秘主义也。神秘主义一名词之意义，上文已详。上文谓如孟子哲学中有神秘主义，其所用以达到神秘主义的境界之方法，为以“强恕”“求仁”，以至于“万物皆备于我矣，反身而诚，乐莫大焉”之境界。庄学所用之方法，乃在知识方面取消一切分别，而至于“天地与我并生，而万物与我为一”之境界。此二方法，在中国哲学史中，分流并峙，颇呈奇观。不过庄学之方法，自魏晋而后，即无人再讲。而孟子之方法，则有宋明诸哲学家，为之发挥提倡，此其际遇之不同也。

荀子

自孟子以后，儒家中无杰出之士。至荀子而儒家壁垒，始又一新。孟子、荀子俱尊孔子，而荀子对于孟子，则攻击甚力。

荀子

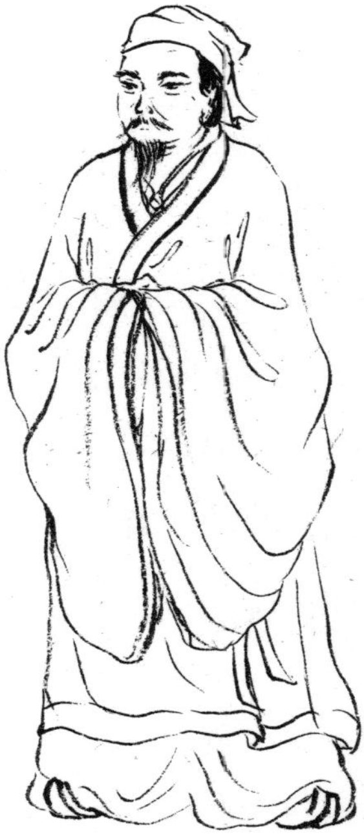

先秦儒家最后之大师为荀子（西历纪元前313年？—前238年？）。自孟子以后，儒家中无杰出之士。至荀子而儒家壁垒，始又一新。孟子、荀子俱尊孔子，而荀子对于孟子，则攻击甚力。西人谓人或生而为柏拉图，或生而为亚里士多德。詹姆士谓：哲学家，可依其气质，分为硬心的及软心的二派。柏拉图即软心派之代表；亚里士多德即硬心派之代表也。孟子乃软心的哲学家，其哲学有唯心论的倾向；荀子为硬心的哲学家，其哲学有唯物论的倾向。孟子尽性则知天，及“万物皆备于我”之言，由荀子之近于唯物论的观点视之，诚为“僻违而无类，幽隐而无说，闭约而无解”（《荀子·非十二子》）也。荀子攻孟子，盖二人之气质学说，本不同也。战国时儒家中有孟荀二学派之争，亦犹宋明时代道学家中有程朱、陆王二学派之争也。

孔子所言之天为主宰之天，孟子所言之天，有时为主宰之天，有时为运命之天，有时为义理之天。荀子所言之天，则为自然之天。此盖亦由于老庄之影响也。《庄子·天运》谓天地日月之运行，“其有机缄而不得已”，“其运转而不能自止”，即持自然主义的宇宙观者之言也。荀子之宇宙观，亦为自然主义的。“列星随旋，日月递照”，皆自然之运行；其所以然之故，圣人不求知之也。“不求知天”（《荀子·天论》），即尽人力以“自求多福”也。

孟子言义理之天，以性为天之部分，此孟子言性善之形上学的根据也。荀子所言之天，是自然之天，其中并无道德的原理，与孟子异；其言性亦与孟子正相反对。《荀子·性恶》曰：“人之性恶，其善者伪也。”所谓性及伪者，《荀子·性恶》曰：“不可学，不可事，而在人者谓之性。可学而能，可事而成之在人者，谓之伪。是性伪之分也。”“生之所以然者谓之性。”（《荀子·正名》）性乃属于天者。荀子所言之天，即为自然之天，其中无理想，无道德的原理，则性中亦不能有道德的原理。道德乃人为的，即所谓伪也。《荀子·性恶》曰：“今人之性，生而有好利焉，顺是故争夺生，而辞让亡焉。……故必将有师法之化，礼义之道，然后出于辞让，合于文理，而归于治。用此观之，然则人之性恶明矣，其善者伪也。”人性虽恶，而人人可以为善。《荀子·性恶》曰：“途之人可以为禹，曷谓也？曰：凡禹之所以为禹者，以其为仁义法正也。然则仁义法正，有可知可能之理。然而途之人也，皆有可以知仁义法正之质，皆有可以能仁义法正之具，然则其可以为禹明矣。……今使途之人，伏术为学，专心一志，思索熟察，加日悬久，积善而不息，则通于神明，参于天地矣。故圣人者，人之所积而致矣。”陈澧曰：“戴东原曰：‘此与性善之说，不惟不相悖，而且若相发明。’”（《孟子字义疏证》）澧谓：“途之人可以为禹，即孟子所谓人皆可以为尧舜，但改尧舜为禹耳。如此则何必自立一说乎？”（《东塾读书记》卷三）然荀子以为人皆有可以知仁义法正之质，能仁义法正之具，孟子则以为人即有仁义法正。孟子所谓性善，乃谓人性中本有善端，人即此善端，“扩而充之”，即为尧舜。荀子谓人之性恶，乃谓人性中本无善端。但人性中虽无善端，人却有相当之聪明才力。人有此才力，若告之以“父子之义”“君臣之正”，则亦可学而能之。积学既久，成为习惯，圣即可积而致也。途之人“皆有可以知仁义法正之质，皆有可以能仁义法正之具”，乃就人之聪明才力方面说，非谓人原有道德的性质也。人之积礼义而为君子，与其积耨耕而为农夫等同（见《荀子·儒效》），盖皆知识、习惯方面事也。故荀子性恶之说，实与孟子性善之说不同也。

荀子曰："人之欲善者，其性恶也。"黄百家驳之云："如果性恶，安有欲为善之心乎？"（《宋元学案》卷一）观以上所说，亦可知黄百家此驳，不足以难荀子。所谓善者，礼仪文理也，仁义法正也，人本不欲此，不过不得不欲此耳。荀子曰："人伦并处，同求而异道，同欲而异知，生也。皆有可也，知愚同。所可异也，知愚分。势同而知异，行私而无祸。纵欲而不穷，则民心奋而不可说也。……无君以制臣，无上以制下。天下害生纵欲，欲恶同物，欲多而物寡，寡则必争矣。故百技所成，所以养一人也。而能不能兼技，人不能兼官。离居不相待则穷；群而无分则争。穷者，患也；争者，祸也。救患除祸，则莫若明分使群矣。……故知者为之分也。"（《荀子·富国》）此以功利主义说明社会、国家之起源，而与一切礼教制度以理论的根据，与《墨子·尚同》所说同。盖人有聪明才知，知人无群之不能生存，又知人无道德之不能为群，故知者制为道德制度，而人亦受之。"故知者为之分也"，"知者"二字极可注意。盖人之为此，乃以其有知识之故，非以其性中本有道德之故也。

以同一理由，荀子论礼之起源云：“礼起于何也？曰，人生而有欲；欲而不得，则不能无求；求而无度量分界，则不能不争。争则乱，乱则穷。先王恶其乱也，故制礼义以分之，以养人之欲，给人之求，使欲必不能穷乎物，物必不屈于欲，两者相持而长，是礼之所起也。”（《荀子·礼论》）盖荀子以为“人之性恶，其善者伪也”，故不能不注重礼以矫人之性也。

礼之用除定分以节人之欲外，又为文以饰人之情。此方面荀子言之甚精。荀子亦重功利，与墨子有相同处。但荀子对于情感之态度，与墨子大不相同。墨子以其极端的功利主义之观点，以人之许多情感为无用无意义而压抑之，其结果为荀子所谓“蔽于用而不知文”。荀子虽亦主功利，然不如墨子之极端，故亦重视情感，重用亦重文。此可于荀子论丧祭礼中见之。荀子论丧礼云：“丧礼者，以生者饰死者也，大象其生以送其死也，故事死如生，事亡如存（据郝懿行校），始终一也。……故丧礼者，无它焉，明死生之义，送以哀敬而终周藏也。……事生，饰始也。送死，饰终也。终始具而孝之事毕，圣人之道备矣。”（《荀子·礼论》）

衣衾棺椁，皆“大象其生以送其死也”，理智明知死者之已死，而情感仍望死者之犹生。于此际专依理智则不仁，专依情感则不智，故“大象其生以送其死”，则理智、情感兼顾，仁而且智之道也。

荀子论祭礼云：“祭者，志意思慕之情也。忠信爱敬之至矣，礼节文貌之盛矣，苟非圣人，莫之能知也。圣人明知之，君子安行之，官人以为守，百姓以成俗。其在君子以为人道也，其在百姓以为鬼事也。……卜筮视日，斋戒修涂，几筵馈荐告祝，如或飨之。物取而皆祭之，如或尝之。……哀夫敬夫，事死如事生，事亡如事存，状乎无形影，然而成文。”（《荀子·礼论》）因生人主观方面对死者有“志意思慕之情”，故祭之。然其所祭之对象，则“无形影”，只“如或飨之”“如或尝之”而已。一方面郑重其事以祭祀，一方面又知其为“状乎无形影”“然而成文”。丧祭礼之原始，皆起于人之迷信。荀子以其自然主义的哲学，与丧祭礼以新意义，此荀子之一大贡献也。

荀子有《正名》。孔子言“正名”，欲使“君君，臣臣，父父，子子”。孟子言：“无父无君，是禽兽也。”孟子正人之名而排无父无君者于人之外，是亦孟子之正名主义也。不过孔孟之正名，仅从道德着想，故其正名主义，仅有伦理的兴趣，而无逻辑的兴趣。犹之苏格拉底之“以归纳法求定义”，亦原只有伦理的兴趣也。柏拉图讲概念，其伦理的兴趣，亦较其逻辑的兴趣为大。至亚里士多德始有纯讲逻辑之著作。荀子生当“辩者”正盛时代，故其所讲正名，逻辑的兴趣亦甚大。

上文谓《墨经》及《荀子·正名》皆拥护常识，驳辩者之说。《正名》所讲之知识论与《墨经》大致相同，兹不具述。

荀子对于当时诸家学说，俱有辩驳。《荀子·正名》更就正名之观点，将当时流行彼所认为误谬之学说，分为三科。其第一科为惑于用名以乱名者，第二科为惑于用实以乱名者，第三科为惑于用名以乱实者。

五行、八卦

古代有所谓术数之学，注意于天人之际，以为天道、人事互相影响。及乎战国，人更将此等思想加以推衍，并将其理论化，使成为一贯的宇宙观，并骋其想象之力，对于天然界及人事界，作种种推测。

董仲舒

古代有所谓术数之学，注意于天人之际，以为天道、人事互相影响。及乎战国，人更将此等思想加以推衍，并将其理论化，使成为一贯的宇宙观，并骋其想象之力，对于天然界及人事界，作种种推测。此等人即汉人所称为阴阳家者。此派在战国末年之首领为邹衍。邹衍有“大九州”之说，“以为儒者所谓中国者，于天下乃八十一分居其一分耳”（《史记·孟子荀卿列传》）。又有“五德转移”之说，其说大概以水、火、木、金、土之五行为五种天然的势力，即所谓五德也。每种势力，皆有盛衰之时。在其盛而当运之时，天道、人事，皆受其支配。及其运尽而衰，则能胜而克之者，继之盛而当运。木能胜土，金能胜木，火能胜金，水能胜火，土能胜水。如是循环，无有止息。所谓“自天地剖判以来，五德转移，治各有宜”也。吾人历史上之事变，亦皆此诸天然的势力之表现，每一朝代，皆代表一“德”，其服色制度，皆受此“德”之支配焉。依此观点，则所谓天道人事，打成一片。历史乃一“神圣的喜剧”（divine comedy），汉人之历史哲学，皆根据此观点也。

与五行说相对待者为八卦说。《易》之八卦，相传为伏羲所画。六十四卦，或云为伏羲所自重（王弼等说），或云为文王所重（司马迁等说）。卦辞爻辞，或云系文王所作（司马迁等说），或云卦辞文王作，爻辞周公作（马融等说）。“《彖》《象》《系辞》《文言》《序卦》之属十篇”，即所谓十翼者，相传皆孔子作。然此等传说，俱乏根据。商代无八卦，商人有卜而无筮。筮法乃周人所创，以替代或补助卜法者。卦及卦爻等于龟卜之兆。卦辞爻辞等于龟卜之繇辞。繇辞乃掌卜之人，视兆而占者。此等临时占辞，有时出于新造，有时亦沿用旧辞。如有与以前所卜相同之事，卜时又有与以前相同之兆，则占辞即可沿用其旧；如前无此兆，则须新造。灼龟自然的兆象，既多繁难不易辨识；而以前之占辞，又多繁难不易记忆。筮法之兴，即所以解决此种困难者。卦爻仿自兆而数有一定，每卦爻之下又系有一定之辞。筮时遇何卦何爻，即可依卦辞爻辞，引申推论。比之龟卜，实为简易（自“商代无八卦”以下至此，余永梁先生之说，见《中央研究院历史语言研究所集刊》第一本第一分）。《周易》之名，或即由此起。因其为周人所作，故冠曰周；因其用法简易，故名曰《易》。

周人为八卦，又重之为六十四卦，以仿龟兆。其初八卦本不必有何意义，及后日益附演，八卦乃各有其所代表之事物。如《周易·说卦》云：

乾，天也，故称乎父；坤，地也，故称乎母。震一索而得男，故谓之长男。巽一索而得女，故谓之长女。坎再索而得男，故谓之中男。离再索而得女，故谓之中女。艮三索而得男，故谓之少男。兑三索而得女，故谓之少女。

乾为天，为圜，为君，为父。……坤为地，为母。……震为雷。……巽为木，为风。……坎为水，为月。……离为火，为日。……艮为山。……兑为泽。……

《说卦》《序卦》《杂卦》三篇，在所谓十翼中，尤为晚出。然据《左传》《国语》所记，春秋时人亦已以乾为天，坤为土，巽为风（见《左传》庄公二十二年），离为火，艮为山

（见《左传》昭公十五年），震为雷，坎为水（见《国语·晋语》）。又以震为长男，坤为母（见《国语·晋语》）。可见《周易·说卦》所说，亦本前人所已言者而整齐排比之耳。八卦已有此诸种意义时，讲《周易》者之宇宙论，系以个人生命之来源为根据，而类推及其他事物之来源。《周易·系辞下》云："天地细缊，万物化醇；男女构精，万物化生。"男女交合而生人，为类推而以为宇宙间亦有二原理。其男性的原理为阳，其卦为乾；其女性的原理为阴，其卦为坤。而天地乃其具体的代表。乾坤相交：乾一之坤为震，为长男，而雷为其具体的代表；坤一之乾为巽，为长女，而风为其具体的代表；乾二之坤为坎，为中男，而水为其具体的代表；坤二之乾为离，为中女，而火为其具体的代表；乾三之坤为艮，为少男，而山为其具体的代表；坤三之乾为兑，为少女，而泽为其具体的代表。总之，宇宙间之最大者为天地，天上之最惹人注意者为日月风雷，地上之最惹人注意者为山泽，人生之最切用者为水火，古人以此数者为宇宙之根本，于是以八卦配之；而又依人间父母子女之关系，而推定其间之关系焉。

此以八卦所代表者为宇宙之根本。此八卦说与前所述之五行说，在先秦似为两独立的系统。其时讲五行者不讲八卦，讲八卦者不讲五行。至汉，此二说始相混合。汉人称邹衍为阴阳家。其实阴阳乃八卦说之系统中所讲，邹衍等不讲八卦也。

所谓十翼，盖战国秦汉时人就《易》推衍之著作。其中之宇宙论皆以个人生命之来源为根据，类推万物之来源。以“男女构精，万物化生”之事实，类推而定为“天地细缊，万物化醇”之原理。“天施地生，其益无方”（《周易·益》），天地即乾坤阴阳之具体代表也。此二原理，一刚一柔，一施一受，一为万物之所“资始”，一为万物之所“资生”。“夫乾，其静也专，其动也直”“夫坤，其静也翕，其动也辟”“阖户谓之坤，辟户谓之乾”。（《周易·系辞上》）皆根据男女两性对于生殖之活动，以说明乾坤。

因乾坤之交感，而乃有万物，而乃有发展变化。《周易·系辞上》云：“阖户谓之坤；辟户谓之乾；一阖一辟谓之变；往来不穷谓之通。”宇宙间诸事物时时革新，时时变化，所谓“日新之谓盛德”（《周易·系辞上》）也。宇宙间诸事物之变化，皆依一定之秩序，永久进行。故云：“天地以顺动，故日月不过，而四时不忒。”（《周易·豫》）“天地之道，恒久而不已也。利有攸往，终则有始也。日月得天而能久照，四时变化而能久成。……观其所恒，而天地万物之情可见矣。”（《周易·恒》）惟其如此，故宇宙演化，永无止期，故《周易·序卦》云：“物不可以终穷也，故受之以未济终焉。”

宇宙间事物时时变化，其变化是循环的，故云：“无往不复，天地际也。”（《周易·泰》）“反复其道，七日来复。……复，其见天地之心乎！”（《周易·复》）“日往则月来，月往则日来，日月相推，而明生焉。寒往则暑来，暑往则寒来，寒暑相推，而岁成焉。往者，屈也；来者，信也；屈信相感而利生焉。”（《周易·系辞下》）“反复其道”，“无往不复”，宇宙间事物之“往来”“屈信”，皆如日月寒暑之循环往来，此所谓“复”。此为宇宙间事物变化所依之一大通则。故曰：“复，其见天地之心乎！”

惟其如此，所以宇宙间任何事物，若发展至一定程度，则即变而为其反面。“日中则昃，月盈则食”，故乾卦六爻，以九五为最善。至于乾之上九，则为“亢龙有悔”，有“穷之灾”矣。孔子于此云：“亢之为言也，知进而不知退，知存而不知亡，知得而不知丧。其惟圣人乎！知进退存亡而不失其正者，其惟圣人乎！”“物极必反”，此《易》理，亦《老子》所持之理也。依《周易·序卦》所解释，六十四卦之次序，亦表示物极必反之义。故相反之卦，常在一处。昔人谓《易》《老》相通，盖就此等处说也。

汉代阴阳家之言最盛。依当时经师之说，则阴阳五行，为天道运行之支配者。如董仲舒（西历纪元前179年？—前104年？）论五行云：“五行之随，各如其序；五行之官，各致其能。是故木居东方而主春气；火居南方而主夏气；金居西方而主秋气；水居北方而主冬气。是故木主生而金主杀；火主暑而水主寒。……土居中央，谓之天润。土者，天之股肱也。其德茂美，不可名以一时之事，故五行而四时者，土兼之也。”（《春秋繁露·五行之义》）木、火、金、水，各主四时之一气，而土居中以策应之。因四时之气，代为盛衰，所以有四时之循环变化；四时之气之所以代为盛衰，则因有阴阳以使之然。董仲舒曰：“如金木水火，各奉其所主，以从阴阳，相与一力而并功。其实非独阴阳也，然而阴阳因之以起助其所主。故少阳因木而起助，春之生也。太阳因火而起助，夏之养也。少阴因金而起助，秋之成也。太阴因水而起助，冬之藏也。”（《春秋繁露·天辨在人》）故四时之变化，实因阴阳消长流动之所致也。阳盛则助木火为春夏，而万物生长；阴盛则助金水为秋冬，而万物收藏。

阴阳五行不惟为天道运行之支配者，并为人事界中各种制度道德所取法。如对于社会伦理，董仲舒有三纲五纪之说（见《春秋繁露·深察名号》）。所谓三纲者，董仲舒曰："君臣父子夫妇之义，皆取诸阴阳之道。君为阳，臣为阴。父为阳，子为阴。夫为阳，妻为阴。……仁义制度之数，尽取之天。天为君而覆露之，地为臣而持载之。阳为夫而生之，阴为妇而助之。春为父而生之，夏为子而养之。王道之三纲，可求于天。"（《春秋繁露·基义》）此于儒家所说人伦之中，特别提出三伦为纲。而"君为臣纲，父为子纲，夫为妻纲"之说，在中国社会伦理上，尤有势力。依向来之传统的见解，批评人物，多注意于其"忠孝大节"：若大节有亏，则其余皆不足观。至于批评妇人，则只多注意于贞节问题，即其对于夫妇一伦之行为。"饿死事小，失节事大"，苟一失节，则一切皆不足论矣。"君为臣纲，父为子纲，夫为妻纲"，于是臣、子、妻，即成为君、父、夫之附属品。董仲舒以为"君臣父子夫妇之义，皆取诸阴阳之道"。盖

《易》本以当时君臣、男女、父子之关系，类推以说阴阳之关系；及阴阳之关系如彼所说，而当时君臣、男女、父子之关系，乃更见其合理矣。《白虎通义》更引申以为社会上一切制度，皆取法于五行。《白虎通义》曰：“行有五，时有四，何？四时为时，五行为节。故木王即谓之春，金王即谓之秋，土尊不任职，君不居部，故时有四也。子不肯禅何法？法四时火不兴土而兴金也。父死子继何法？法木终火王也。兄死弟及何法？夏之承春也。”（《白虎通义·五行》）

易学中之象数一派，亦发达于汉，如《易纬》中所讲之易理，即宋儒所谓“象数之学”之发端。《左传》僖公十五年，韩简曰：“龟，象也；筮，数也。物生而后有象，象而后有滋，滋而后有数。”此谓先有物而后有象，有象而后有数，此乃与常识相合之说。上所讲《易》亦言象，如《周易·系辞下》云：“八卦成列，象在其中矣。”“以制器者尚其象。”亦言数，如云：“天一，地二，天三，地四，天五，地六，天七，地八，天九，地十。”但彼系以为有物而后有象。八卦之象，乃伏羲仰观俯察所得。既有此象，人乃取之以制器。故象虽在人为的物之先，而实在天然的物之后也。此后八卦之地位日益高。讲《易》者，渐以为先有数，后有象，最后有物。此点汉人尚未明言，至宋儒始明言之。故所谓象数之学，发达于汉，而大成于宋。

所谓象数之学，初视之似为一大堆迷信，然其用意，亦在于对于宇宙及其中各方面之事物，作一有系统的解释。其注重“数”“象”，与希腊之毕达哥拉斯学派，极多相同之点。毕氏举出各种物之数，并以小石排为某种形式以表示之。所谓“以数入象”。中国易学之讲“象”“数”，正是如此。毕氏以为天是一个和声，在天文与音乐中，最可见数之功用。中国自汉以后讲律吕与历法者，皆以《易》之“数”为本。此仅举中国易学与毕氏学派大端相同之点，然即此亦足令人惊异矣。

阴阳家之学，虽杂有许多迷信，而中国科学萌芽，则多在其中。盖阴阳家之主要的动机，在于立一整个的系统，以包罗宇宙之万象而解释之。其方法虽误，其知识虽疏，然其欲将宇宙间诸事物系统化，欲知宇宙间诸事物之所以然，则固有科学之精神也。秦汉之政治，统一中国，秦汉之学术，亦欲统一宇宙。盖秦汉之统一，为中国以前未有之局。其时人觉此尚可能，他有何不可能者。故其在各面使事物整齐化、系统化之努力，可谓几于热狂。吾人必知汉人之环境，然后能明汉人之伟大。上文谓中国之讲历法、音乐者，大都皆用阴阳家言。此外如讲医学及算学者亦多用阴阳家言。试观《黄帝内经》及《周髀算经》等书，即可知之。阴阳家在此各方面之势力，直至最近，始渐消失。

佛教、道教与道学

佛学与中国原有之儒家之学之融合，即成为宋明之道学。道学虽盛于宋明，而在唐代已发其端。如韩愈作《原道》，极推尊孟子，以为得孔子之正传。此为宋明以来之传统的见解，而韩愈倡之。

韩愈

李翱

及乎魏晋，道家之学又盛。盖古代思想中之最与术数无关者为道家。汉代阴阳家与儒家混合，盛行一时。其反动即为魏晋时代道家之复兴。南北朝时人以《老》《庄》《易》为“三玄”，故讲此方面之学，有“玄学”之称。

南北朝时，中国思想界又有新分子加入。盖于是时佛教思想有系统地输入。而中国人对之，亦能有甚深了解。隋唐之时，中国之第一流思想家，皆为佛学家。佛学本为印度之产物，但中国人讲之，多将其加入中国人思想之倾向，以使成为中国的佛学。所谓中国人思想之倾向者，可分数点论之。

（一）原来之佛学中，派别虽多，然其大体之倾向，则在于说明“诸行无常，诸法无我”。所谓外界，乃系心现，虚妄不实，所谓空也。中国人对于世界之见解，皆为实在论。即以为吾人主观之外，实有客观的外界。谓外界必依吾人之心始有存在，在中国人视之，乃非常可怪之论。故中国人之讲佛学者，多与佛学所谓空者以一种解释，使外界为“不真空”（用僧肇语）。

（二）“诸行无常，诸法无我，涅槃寂静”，乃佛教中之“三法印”。涅槃译言圆寂，佛之最高境界，乃永寂不动者。但中国人又最注重人之活动。儒家所说人之最高境界，亦即在活动中。如《周易·乾》所说“天行健，君子以自强不息”，即教人于活动中求最高境界也。即庄学最富有出世色彩，然其理想中之真人至人，亦非无活动者。故中国人之讲佛学者，多以为佛之境界，非永寂不动。佛之净心，亦能“繁兴大用”。虽“不为世染”，而亦“不为寂滞”（《大乘止观法门》语）。所谓“寂而恒照，照而恒寂”（僧肇语）也。

（三）印度社会中阶级之分甚严。故佛学中有一部分谓，有一种人无有佛性，永不能成佛。但中国人以为“人皆可以为尧舜”。即荀子以为人之性恶，亦以为“途之人可以为禹”。故中国之讲佛学者，多以为人人皆有佛性，甚至草木亦有佛性。又佛教中有轮回之说。一生物此生所有修行之成就，即为来生继续修行之根基。如此历劫修行，积渐始能成佛。如此说则并世之人，其成佛之可能，均不相同。但中国人所说“人皆可以为尧舜”之义，乃谓人人皆于此生可为尧舜。无论何人，苟“服尧之服，行尧之行，言尧之言”，皆即是尧。而人之可以为此，又皆有其自由意志也。故中国人之讲佛学者，又为“顿悟成佛”（道生语）之说。以为无论何人，“一念相应，便成正觉”（神会语）。

凡此诸倾向，非为印度之佛学家所必无有，但中国之佛学家则多就诸方面发挥也。中国佛学家就此诸方面发挥，即成为天台、华严、禅诸新宗派，盛行于隋唐。

佛学与中国原有之儒家之学之融合，即成为宋明之道学。道学虽盛于宋明，而在唐代已发其端。如韩愈（西历824年卒）作《原道》，极推尊孟子，以为得孔子之正传。此为宋明以来之传统的见解，而韩愈倡之。周秦之际，儒家中孟荀二派并峙。西汉时荀学为盛。仅扬雄对孟子有相当的推崇，此后直至韩愈，无有力的后继。韩愈一倡，此说大行。而《孟子》一书，遂为宋明道学家所根据之重要典籍焉。盖因孟子之学，本有神秘主义之倾向，其谈心谈性，谈“万物皆备于我，反身而诚”，以及“养心”“寡欲”之修养方法，可认为可与佛学中所讨论，当时人所认为有兴趣之问题，作相当的解答。故如在儒家典籍中，求与当时人所认为有兴趣之问题有关之书，《孟子》一书，实其选也。

韩愈于《原道》又特引《大学》。《大学》本为《礼记》中之一篇，自汉以后至唐，无特别称道之者。韩愈以其中有“明明德”“正心”“诚意”之说，亦可认为与当时所认为有兴趣之问题有关，故特提出，而又指出“古之所谓正心而诚意者，将以有为也，今也治其心而外天下国家”，以见儒佛虽同一“治心”而用意不同，结果亦异。此后至宋明，《大学》遂亦为宋明道学家所根据之重要典籍焉。韩愈提出“道”字，又为道统之说。此说孟子本已略言之，经韩愈提倡，宋明道学家皆持之，而宋明道学家亦有道学家之名。由此三点言之，韩愈实可谓宋明道学家之先河也。

与韩愈同时，又有李翱。李翱作《复性书》，其中可注意之点甚多，略举之，则有：

（一）《中庸》本为《礼记》中一篇，《复性书》中特别提出之。此后《中庸》遂为宋明道学家所根据之重要典籍。《易·系辞传》亦特别提出，后亦为宋明道学家所根据之重要典籍。

（二）礼乐之功用，在原来儒家之学中，本所以使人之欲望与感情，皆发而有节而得中。《复性书》则谓系“所以教人忘嗜欲而归性命之道”。礼乐之意义，在原来儒家之学中，系伦理的。在此则系宗教的，或神秘的。即在原来儒家之学中，礼乐乃所以养成道德完全之人格；在此则礼乐乃所以使人得到其所谓“诚”之一种方法也。

（三）《复性书》谓：“性命之书虽存，学者莫能明，是故皆入于庄、列、老、释。不知者谓夫子之徒不足以穷性命之道，信之者皆是也。”此言可总代表宋明道学家讲学之动机。宋明道学家皆认为当时所认为有兴趣的问题，在儒家典籍中，亦可得相当的解答。宋明道学家皆在儒家典籍中寻求当时所认为有兴趣的问题之解答者也。李翱及宋明道学家所说之圣人，皆非伦理的，而为宗教的或神秘的。盖其所说之圣人，非只如孟子所说之“人伦之至”之人，而乃是以尽人伦，行礼乐，以达到其修养至高之境界，即与宇宙合一之境界。盖如何乃能成佛，乃当时所认为有兴趣的问题。李翱及宋明道学家之学，皆欲与此问题以儒家的答案，欲使人以儒家的方法成儒家的佛也。

及乎北宋，此种融合儒释之新儒学，又有道教中一部分之思想加入。此为构成道学之一新成分。西汉之际，阴阳家之言，混入儒家。此混合产品，即董仲舒等今文经学家之学说。及玄学家起，阴阳家之言，一时为所压倒。但同时阴阳家言即又挟儒家一部分之经典，附会入道家之学说，而成所谓道教。阴阳家言，可以与道家学说混合，似系奇事。然《老子》之书，言辞过简，本可予以种种的解释。其中又有“善摄生者，陆行不避兕虎”“死而不亡者寿”“深根固蒂，长生久视之道”等言，更可与讲长生不死者以附会之机会。以阴阳家之宇宙观，加入此等希望长生之人生观，并以阴阳家对于宇宙间事物之解释，作为求长生方法之理论，即成所谓道教。自东汉之末，道教大兴。在南北朝隋唐，道教与佛教立于对等地位，且时互为盛衰。

上述《纬书》中之易说，亦附在道教中，传授不绝。及北宋而此种易说，又为人引入道学中，即所谓象数之学是也。刘牧《易数钩隐图》序云：“象者，形上之应。原其本则形由象生，象由数设。舍其数则无以见四象所由之宗矣。”“形由象生，象由数设。”天下之物皆形也。有数而后有象，有象而后有形。数为最根本的。上述《易纬》中之易说，虽亦有此倾向，然此倾向至此得有明白的表示。

上文谓阴阳家之学，有科学之成分。

道教中之思想，亦有可注意者，则道教中至少有一部分人，以为其所作为，乃欲战胜天然。盖有生则有死，乃天然的程序，今欲不死，是逆天而行也。葛洪曰：“夫陶冶造化，莫灵于人。故达其浅者，则能役使万物；得其深者，则能长生久视。”（《抱朴子》卷三）俞琰曰：“盖人在天地间，不过天地间一物耳。以其灵于物，故特谓之人，岂能与天地并哉？若夫窃天地之机，以修成金液大丹，则与天地相为终始，乃谓之真人。”（《周易参同契发挥》卷三）又引《翠虚篇》云：“每当天地交合时，夺取阴阳造化机。”（《周易参同契发挥》卷五）

“窃天地之机”，“夺取阴阳造化机”，“役使万物”，以为吾用，以达吾之目的。此其注重权力之意，亦可谓为有科学精神。尝谓科学有二方面，一方面注重确切，一方面注重权力。惟对事物有确切的知识，故能有统治之之权力。道教欲统治天然，而对于天然，无确切的知识（虽彼自以为有确切的知识），故其对于宇宙事物之解释，不免为神话；其所用以统治事物之方法，不免为魔术。然魔术尝为科学之先驱矣。炼金术（alchemy）为化学之先驱，而道教中炼外丹者，所讲黄白之术（即炼别种物质为金银之术）即中国之炼金术也。

周濂溪、邵康节

引道教中之思想入道学者，周濂溪、邵康节，其尤著者也。濂溪之太极图，即其象学也。濂溪有象学而无数学。康节则兼有象学及数学。

周濂溪

邵康节

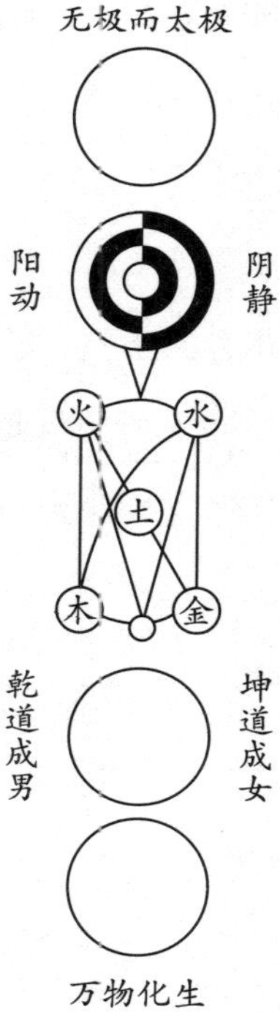

引道教中之思想入道学者，周濂溪、邵康节，其尤著者也。周濂溪，名敦颐（西历1073年卒），作《太极图说》，其图如右。

《太极图说》云：“无极而太极。太极动而生阳，动极而静，静而生阴，静极复动。一动一静，互为其根。分阴分阳，两仪立焉。阳变阴合而生水火木金土，五气顺布，四时行焉。五行一阴阳也，阴阳一太极也，太极本无极也。五行之生也，各一其性。无极之真，二五之精，妙合而凝。乾道成男，坤道成女。二气交感，化生万物。万物生生，而变化无穷焉。惟人也，得其秀而最灵。形既生矣，神发知矣。五性感动，而善恶分，万事出矣。圣人定之以中正仁义（自注：圣人之道，仁义中正而已矣。）而主静（自注：无欲故静。），立人极焉。”（《全集》卷一）《周易·系辞上》云：“易有太极，是生两仪，两仪生四象，四象生八卦，八卦定吉凶，吉凶生大业。”此图前段用太极生两仪之说，后则不用八卦而用五行。虽图说末尾赞《易》，而此图则非根据于《易》也。周濂溪盖取道士所用以讲修炼之图，而与之以新解释、新意义。此图说为宋明道学中有系统著作之一。宋明道学家讲宇宙发生论者，多就此推衍。

濂溪之太极图，即其象学也。濂溪有象学而无数学。康节则兼有象学及数学。康节名雍（西历1077年卒）。其宇宙论，大概亦即上所引《周易·系辞上》推衍，而又以图象明之。蔡元定《经世指要》中有经世衍易图：

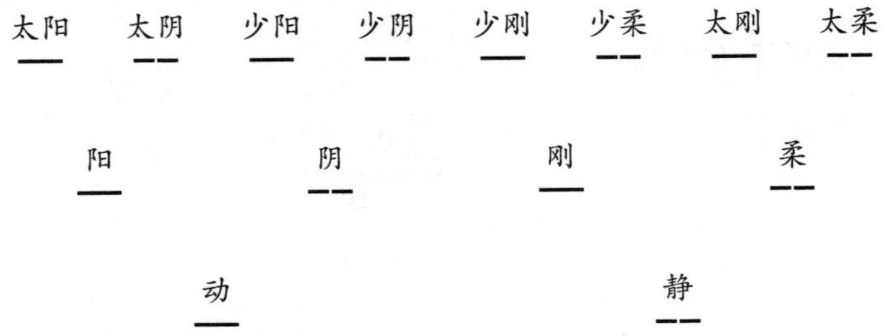

此图有三层，看第二层（即中层）时，须连第一层（即下层）观之。如“阳”下之“⚊”，合“动”下之“⚊”为“⚌”，此即阳之象也。“阴”下之“⚋”，合“动”下之“⚊”为“⚍”，此即阴之象也。看第三层（即上层）时，须连第二层、第一层观之。如第三层“太阳”下之“⚊”，合第二层“阳”下之“⚊”，及第一层“动”下之“⚊”，即为一乾卦☰，乾即太阳之象也。如第三层“太阴”下之“⚋”，合第二层“阳”下之“⚊”，及第一层“动”下之“⚊”，即成一兑卦☱，兑即太阴之象也。第三层“少阳”下之“⚊”，合第二层“阴”下之“⚋”，及第一层“动”下之“⚊”，即成一离卦☲，离即少阳之象也。如是八卦之次序：乾一、兑二、离三、震四、巽五、坎六、艮七、坤八。

康节云：“太极不动，性也。发则神，神则数，数则象，象则器。器之变，复归于神也。”（《观物外篇》下）太极不动，是性也。发而为动静，是神也。代表两仪之⚊及⚋，及四象之⚌⚍⚎⚏，及八卦之☰☱☲☳☴☵☶☷，是象也。一、二、四、八等是数也。天、地、日、月、土、石等是器也。康节云：“神无方而易无体。滞于一方，则不能变化，非神也。有定体则不能变通，非易也。易虽有体，体者象也。假象以见体，而本无体也。”（《观物外篇》下）“器”即具体的事物，即所谓物也。“器”与“神”不同之处，其一即是“器”是决定的。如此物既是此物，即不能是彼物，所谓“滞于一方”之“定体”也。故易只言象，“假象以见体”。盖象为公式，而具体的事物，则依此等公式以生长进行者也。康节所说之图，皆所以表示事物生长进行之公式者也。

“一分为二，二分为四，四分为八，八分为十六，十六分为三十二，三十二分为六十四。”（《观物外篇》上）此数也。一至八之数所生之象，即上图所表示。八至六十四所生之象，若以图表示之，即为六十四卦次序之图。若将六十四卦次序图横排之六十四卦，自中间断之，复将此两半各折成半圆，更将两半圆合为一圆，即得六十四卦圆图方位图，其图如下（见第113页）。

此圆图为一切事物生长进行之公式。如就一年四时之变化而言，则六十四卦圆图中“复”之初爻，为一阳生，即冬至夜半子时也。阳东行至南方之“乾”，即于时为夏。此时阳极盛，而阴亦即生矣。此图中“姤”之初爻，即为一阴生，于时即夏至也。

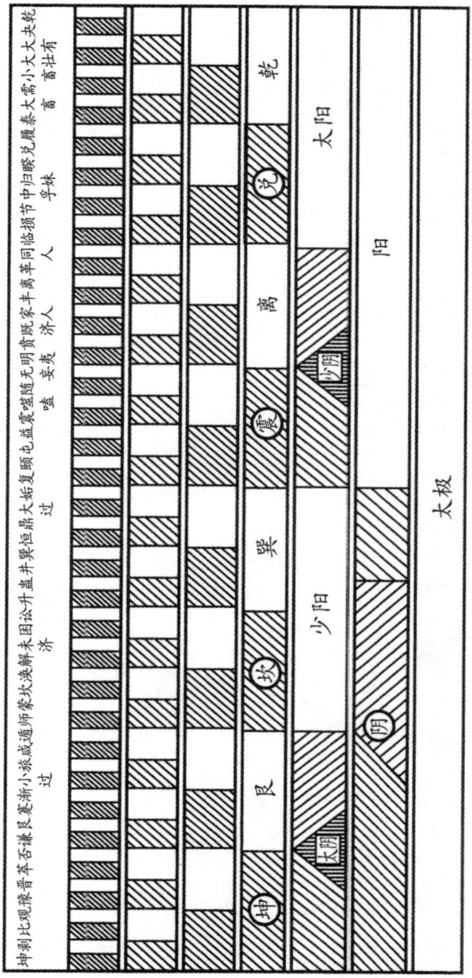
坤剥比观豫晋萃否谦艮蹇渐小过旅咸遁师蒙坎涣解未济困讼升蛊井巽恒鼎大过姤复颐屯益震噬嗑随无妄明夷贲既济家人丰离革同人临损节中孚归妹睽兑履泰大畜需小畜大壮大有夬乾
坤
艮
坎
巽
震
离
兑
乾
太阴
少阳
少阴
太阳
阴
阳
太极

六十四卦次序之图

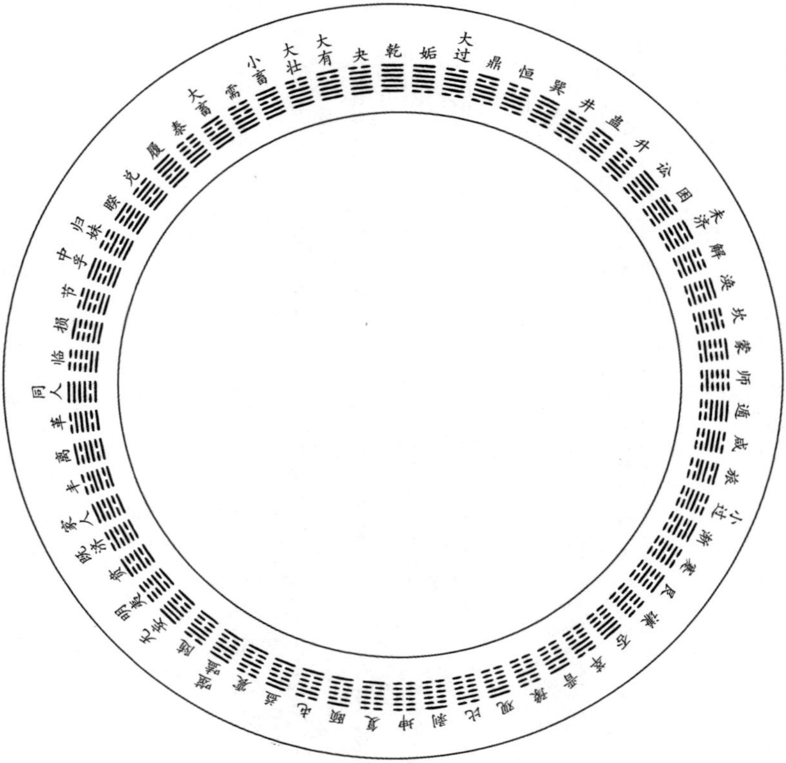

六十四卦圆图方位图

阴西行至北方之“坤”，即于时为冬。此时阴极盛，而阳亦即又生矣。此即汉人所为卦气之说，而汉人所说十二辟卦，亦恰皆依序排列。所谓十二辟卦者，《易纬·稽览图》以复、临、泰、大壮、夬、乾、姤、遁、否、观、剥、坤十二卦为十二月主卦，称“天子卦”，亦称“辟卦”，“辟”亦“君”也。所以以此十二卦为十二月之主卦者，六十四卦中，上五爻皆阴，独下一爻为阳者为“复卦”䷗。上四爻皆阴，下二爻皆阳者为“临卦”䷒。上三爻皆阴，下三爻皆阳者为“泰卦”䷊。上二爻皆阴，下四爻皆阳者为“大壮卦”䷡。上一爻为阴，下五爻皆阳者为“夬卦”䷪。六爻皆阳者为“乾卦”䷀。上五爻皆阳，下一爻为阴者为“姤卦”䷫。上四爻皆阳，下二爻皆阴者为“遁卦”䷠。上三爻皆阳，下三爻皆阴者为“否卦”䷋。上二爻皆阳，下四爻皆阴者为“观卦”䷓。上一爻为阳，下五爻皆阴者为“剥卦”䷖。六爻皆阴者为“坤卦”䷁。若以此十二卦分配于十二月：以复卦当十一月，以乾卦当四月，以姤卦当六月，以坤卦当十月，则十二月中阴阳盛衰之象，显然可见。故以此十二卦为辟卦，表示一年中阴阳消长之象。就一事物之成毁言，以一花为例，“复”为花之始欲开，“乾”为盛开，“姤”为花之始谢，而“坤”则为花之谢。一切事物有成即有毁，有盛即有衰，皆依此公式进行也。

张横渠及二程

吾人但知天地万物本与我为一体，“识得此理”之后，即常记而不忘。一切行事，皆本此心作之。此即所谓以“诚敬存之”，亦即所谓“必有事焉”。只此久而久之，自可达到万物一体之境界。

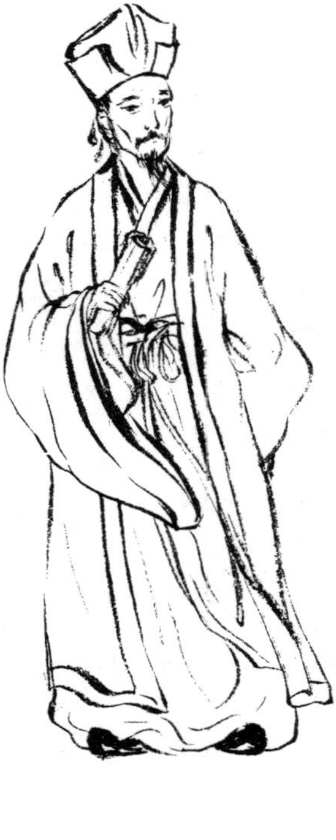
张横渠

程明道

程伊川

与周、邵同时而略后者，有张横渠及程明道、程伊川兄弟。横渠名载（西历1077年卒），其学以气为万物之本体。在其散而未聚之状态中，此气即所谓太虚。故横渠谓："太虚无形，气之本体。"（《正蒙·太和》）又云："气之聚散于太虚，犹冰凝释于水。知太虚即气则无无。"（《正蒙·太和》）吾人所见空若无物之太虚，实非无物，不过气散而未聚耳，无所谓无也。故曰："知太虚即气则无无。"气中所"涵浮沉升降动静相感之性"（《正蒙·太和》），简言之，即阴阳二性也。一气之中，有此二性，故横渠云："一物两体，气也。一故神，两故化。"（《正蒙·参两》）一气之中，有阴阳二性，故为"一物两体"。当其为"一"之时，"则清通而不可象为神"（《正蒙·太和》）。所谓"一故神"也。因其中有阴阳此二性，故"生絪缊相荡，胜负屈伸之始"（《正蒙·太和》）。

絪缊相荡，即二性之表现也。“二”既表现，则絪缊相荡，聚而为万物。所谓“两故化”也。横渠又云：“气坱然太虚，升降飞扬，未尝止息，《易》所谓絪缊，庄生所谓生物以息，相吹野马者欤？此虚实动静之机，阴阳刚柔之始。浮而上者阳之清，降而下者阴之浊。其感遇聚散，为风雨，为雪霜。万品之流形，山川之融结，糟粕煨烬，无非教也。”（《正蒙·太和》）气中有阴阳可相感之二性，故气即不能停于太虚之状态中，而“升降飞扬，未尝止息”。其涵有二性之气，“絪缊相荡”，或胜或负，或屈或伸。如其聚合，则即能为吾人所见而为物。气聚即物成，气散即物毁。横渠云：“气聚则离明得施而有形。气不聚则离明不得施而无形。方其聚也，安得不谓之客？方其散也，安得遽谓之无？故圣人仰观俯察，但云知幽明之故，不云知有无之故。”（《正蒙·太和》）离为目，离明得施者，即吾人目之明所能见者。气聚则能为吾人所见而为有形；气散则不能为吾人所见而为无形。气聚为万物；万物乃气聚之现象。以气聚散不定，故谓之为“客形”。所谓“太虚无形，气之本体，其聚其散，变化之客形尔”（《正蒙·太和》）。横渠之伦理学，或其所讲修养之方法，注重于除我与非我之界限而使个体与宇宙合一。横渠云：

“大其心则能体天下之物。物有未体，则心为有外。世人之心，止于闻见之狭。圣人尽性，不以闻见梏其心。其视天下，无一物非我。孟子谓尽心则知性知天以此。天大无外，故有外之心，不足以名天心。”（《正蒙·大心》）以个体之我为我，其余为非我，即以“闻见梏其心”者也。圣人破除此梏，以天下之物与己为一体，即“能体天下之物”者也。“其视天下，无一物非我”，即破除我与非我之界限，以我及其余之非我为一，亦即以全宇宙为一大我。天大无外；我之修养若至此境界，则我与天合而为一矣。横渠又云：“性者，万物之一源，非有我之得私也。惟大人为能尽其道。是故立必俱立，知必周知，爱必兼爱，成不独成，彼自蔽塞而不知顺吾理者，则亦未如之何矣。”（《正蒙·诚明》）此以“爱之事业”之工夫，破除“我”之蔽塞，而达到万物一体之境界。盖就孟子哲学中神秘主义之倾向，加以推衍也。《正蒙·乾称》中有一段，后人所称为《西铭》者，亦发挥此旨。

明道名颢（西历1085年卒）、伊川名颐（西历1107年卒）兄弟二人之学说，旧日多视为一家之学。但二人之学，开此后宋明道学家所谓程朱、陆王之二派，亦可称为理学、心学之二派。程伊川为程朱一派之中坚人物，而程明道则陆王一派之先驱也。理学、心学之哲学的系统及其所以不同，当于下文中述之，兹仅就修养方法方面述二程之不同。

明道以为吾人实本来与天地万物为一体。不过吾人多执个体以为我，遂将我与世界分开。吾人修养之目的，即在于破除此界限而回复于万物一体之境界。明道云："医书言手足痿痹为不仁，此言最善名状。仁者以天地万物为一体，莫非己也。认得为己，何所不至。若不有诸己，自不与己相干。如手足不仁，气已不贯，皆不属己。故博施济众，乃圣人之功用。"（《遗书》卷二上）宇宙乃一生之大流，乃一大仁。人之有仁之德者，即能以天地万物为一体者也。至所以达此境界之方法，明道云："学者须先识仁，仁者浑然与物同体，义礼智信皆仁也。识得此理，以诚敬存之而已；不须防检，不须穷索。……此道与物无对，大不足以明之。天地之用，皆我之用。孟子言万物皆备于我，须反身而诚，乃为大乐。若反身未诚，则犹是二物有对，以己合彼，终未有之，又安得乐？……必有事焉，而勿正，心勿忘，勿助长，未尝致纤毫之力，此其存之之道。……此理至约，惟患不能守。既能体之而乐，亦不患不能守也。"（《遗书》卷二上）吾人但知天地万物本与我为一体，“识得此理”之后，即常记而不忘。一切行事，皆本此心作之。此即所谓以“诚敬存之”，亦即所谓“必有事焉”。只此久而久之，自可达到万物一体之境界。此外更不必防检，不必穷索。再有防检穷索，即是“助长”。有心求速效之心仍是私心，仍须除之。只“必有事焉”，勿忘之，亦勿助之。此外不致纤毫之力。久之自能达到万物一体之境界。此实“至约”之方法也。

行此工夫之久，心空虚如明镜。一物之来，其形容状态，镜中之影，各如其状。镜虽不废照物，而其本身不动。吾人之心之应外物，亦应如此。明道《答张横渠书》云：“夫天地之常，以其心普万物而无心；圣人之常，以其情顺万物而无情。故君子之学，莫若廓然而大公，物来而顺应。……人之情各有所蔽，故不能适道，大率患在于自私而用智。自私则不能以有为为应迹；用智则不能以明觉为自然。……圣人之喜，以物之当喜；圣人之怒，以物之当怒；是圣人之喜怒，不系于心，而系于物也。”（《明道文集》卷三）

庄子谓：“至人之用心若镜，不将不迎，应而不藏，故能胜物而不伤。”道学家亦谓吾人之“用心”应如此。不过道家心所应之物，不包情感在内。道家应付情感之方法，乃以理化情，圣人无情感。道学家主张情感可有，但吾人有情感之时，应以情感为非我有。见可喜可恶之事，圣人亦有喜怒之情感。但非圣人喜怒，乃其事可喜可怒也。惟其如此，故其事既过去，圣人喜怒之情感亦亡。此颜回所以能不迁怒也。若常人则自有其怒，故可怒之事既去，而仍有怒心，见不可怒者亦怒之。此所谓迁怒也。其所以迁怒，即因其不能“情顺万物而无情”也。

伊川所说之修养法，注重穷理。伊川云：“涵养须用敬，进学则在致知。”（《遗书》卷十八）涵养须用敬，明道亦如此说。但明道须先“识得此理”，然后以诚敬存之。此即后来陆王一派所说“先立乎其大者”者也。伊川则一方面用敬涵养，勿使非僻之心生，一方面须今日格一物，明日格一物，以求“脱然自有贯通处”（《遗书》卷十八）。此说朱子发挥之。当于下文，更加详论。今所须注意者，即以后道学家中所谓程朱、陆王二大派，实以程氏弟兄分启其端。

朱子

理与气合而成为具体的物。此气中之理，即所谓性也。故不惟人有性，物亦有性。朱子云：“天下无无性之物。盖有此物则有此性，无此物则无此性。”

朱子

朱子名熹（西历1200年卒），其学系以周濂溪之《太极图说》为骨干，而以康节所讲之数，横渠所说之气，及程氏弟兄所说形上形下及理气之分融合之。故朱子之学，可谓集其以前道学家之大成也。关于形上之道与形下之器之分，朱子云："凡有形有象者，即器也；所以为是器之理者，则道也。"（《与陆子静书》，《文集》卷三十六）所谓道，即指抽象的原理或概念；所谓器，即指具体的事物。故朱子云："形而上者，无形无影是此理。形而下者，有情有状是此器。"（《语类》卷九十五）又云："无极而太极，不是说有个物事，光辉辉地在那里。当初皆无一物，只有此理而已。……惟其理有许多，故物有许多。"（《语类》卷九十四）以现在哲学中之术语言之，则所谓形而上者，超时空而潜存（subsist）者也；所谓形而下者，在时空而存在（exist）者也。超时空者，无形象可见。故所谓太极，"不

是说有个事物光辉辉地在那里”。此所谓“无极而太极”也。朱子云：“无极而太极，只是说无形而有理。”（《语类》卷九十四）

“惟其理有许多，故物有许多。”无此理则不能有此物也。朱子云：“做出那事，便是这里有那理。凡天地生出那物，便是那里有那理。”（《语类》卷一百一）不仅天然之物各有其理，即人为之物亦各有其理。朱子云：“天下无性外之物。阶砖便有砖之理，竹椅便有竹椅之理。”（《语类》卷四）天下之物，无论其是天然的或人为的，皆有其所以然之理，其理并在其物之先。朱子云：“若在理上看，则虽未有物而已有物之理。然亦但有其理而已，未尝实有是物也。”（《答刘叔文》，《文集》卷四十六）如尚未有舟车之时，舟车之理或舟车之概念已先在。然其时只有概念而无实例，所谓“但有其理而已，未尝实有是物也”。所谓发明舟车，不过发现舟车之理而依之以做出实际的舟车，即舟车之概念之实例而已。故凡可能有之物，无论其是天然的或人为的，在形而上之理世界中，本已具有其理。故形而上之理世界，实已极完全之世界也。

一事物之理，即其事物之最完全的形式，亦即其事物之最高的标准，此所谓极也。《语类》云："事事物物，皆有个极，是道理极至。蒋元进曰：'如君之仁，臣之敬，便是极。'先生曰：'此是一事一物之极。总天地万物之理，便是太极。太极本无此名，只是个表德。'"（《语类》卷九十四）太极即天地万物之理之总和，而亦即天地万物之最高标准也。朱子云："太极只是个极好至善的道理。……周子所谓太极，是天地人物万善至好的表德。"（《语类》）

由此而言，则太极即如柏拉图所谓好之概念，亚里士多德所谓上帝也。

每一事物，不但具有此事物之所以然之理，其中且具太极之全体。朱子云："人人有一太极，物物有一太极。"又云："盖统体是一太极。然又一物各具一太极。"（《语类》）

由此而言，则一切事物中，除其自己之所以然之理外，且具太极，即一切理之全体。太极在一切物中，亦"不是割成片去，只如月印万川相似"（《语类》）。此与华严宗所谓因陀罗网境界之说相似。朱子想亦受其说之影响。不过彼所谓因陀罗网境界，乃谓一具体的事物中，含有一切具体的事物，所谓"一即一切，一切即一"。此则谓一具体的事物，具有一太极，即一切事物之理。一切事物之理，并非一切事物也。

形而上之理世界中只有理。至于此形而下之具体的世界之构成，则赖于气。理即如希腊哲学中所说之形式（form），气即如希腊哲学中所说之材质（matter）也。朱子云："天地之间，有理有气。理也者，形而上之道也，生物之本也；气也者，形而下之器也，生物之具也。是以人物之生，必禀此理，然后有性；必禀此气，然后有形。"（《答黄道夫书》，《文集》卷五十八）又云："盖气则能凝结造作；理却无情意，无计度，无造作。只此气凝聚处，理便在其中。且如天地间人物草木鸟兽，其生也莫不有种，定不会无种子白地生出一个物事。这个都是气。若理则只是个净洁空阔的世界，无形迹，他却不会造作。气则酝酿凝聚生物也。"（《语类》卷一）理世界为一"无形迹"之"净洁空阔的世界"。理在其中，"无情意，无计度，无造作"。此其所以为超时空而永久（eternal）也。此具体的世界为气所造作。气之造作，必依理。如人以砖瓦木石建造一房。砖瓦木石虽为必须，然亦必须先有房之形式，而后人方能用此砖瓦木石以建筑此房。砖瓦木石，形下之器，建筑此房之具也；房之形式，形上之理，建筑此房之本也。及此房成，而理即房之形式，亦在其中矣。

依逻辑言，理虽另有一世界；就事实言，则理即在具体的事物之中。《语类》云："理在气中发现处如何？曰：如阴阳五行错综不失条绪，便是理。若气不结聚时，理亦无所附着。"（《语类》卷九十四）气不结聚，则理无所附着，即理不能实现为具体的物也。具体的物中之秩序条理，即理在气中之发现处。至于理气为有之先后，朱子云："或问：'必有是理，然后有是气，如何？'曰：'此本无先后之可言。然必欲推其所从来，则须说先有是理。'"（《语类》）盖依事实言，则有理即有气，所谓"动静无端，阴阳无始"。若就逻辑言，则"须说先有是理"。盖理为超时空而永存者，气则为在时空而变化者。就此点言，必"须说先有是理"。

太极中有动静之理，气因此理而有实际的动静。气之动者，即流行而为阳气；气之静者，即凝聚而为阴气。朱子即濂溪《太极图说》言之云："阳变阴合，而生水、火、木、金、土。阴阳气也，生此五行之质，天地生物，五行独先。地即是土，土便包含许多金木之类。天地之间，何事而非五行？五行阴阳七者滚合，便是生物的材料。则寄旺四季。"（《语类》卷九十四）气即生物的材料。具体的物之生，气为材料，理为形式。材料一名，正柏拉图、亚里士多德所谓Matter之意。

理与气合而成为具体的物。此气中之理，即所谓性也。故不惟人有性，物亦有性。朱子云："天下无无性之物。盖有此物则有此性，无此物则无此性。"（《语类》卷四）

上文谓一物有一太极。每一物中皆有太极之全体。然在物中，仅其所以为其物之理能表现，而太极之全体所以不能表现者，则因物所禀之气蔽塞之也。此具体的世界中之恶，皆由于此原因。《语类》云："问：'理无不善，则气胡有清浊之殊？'曰：'才说著气，便自有寒有热，有香有臭。'"（《语类》）又云："二气五行，始何尝不正。只滚来滚去，便有不正。"（《语类》）盖理是完全至善的。然当其实现于气，则为气所累而不能完全。如圆之概念本是完全的圆，然及其实现于物质而为一具体圆物，则其圆即不能是一绝对的圆矣。实际世界之不完全，皆由为气所累也。惟气是如此，故即人而言，人亦有得气之清者，有得气之浊者。朱子云："就人之所禀而言，又有昏明清浊之异。"（《语类》）禀气清明者为圣人，昏浊者为愚人。朱子以为如此说法，可将自孟荀以来儒家所争论之性善性恶问题，完全解决。

朱子谓："凡人之能言语、动作、思虑、营为，皆气也。"（《语类》）《语类》又云："问：'知觉是心之灵固如此，抑气之为耶？'曰：'不专是气，是先有知觉之理。先聚成形，理与气合，便能知觉。譬如这烛火是因得这脂膏，便有许多光焰。'"（《语类》卷五）一切事物，皆有其理，故知觉亦有知觉之理。然知觉之理，只是理而已。至于知觉之具体的事例，则必"理与气合"，始能有之。盖一切之具体的事物，皆合材料与形式而成者也。理必合气，方能实现，如烛火之必依脂膏。吾人之知觉思虑，既皆在此具体的世界之中，故皆是气与理合以后之事也。吾人之知觉思虑，即所谓灵处，"灵处只是心，不是性。性只是理"（《语类》）。盖心能有具体的活动，理不能如此也。

朱子又论心、性与情之关系云："性、情、心，惟孟子、横渠说得好。仁是性，恻隐是情，须从心上发出来。心统性、情者也。性只是合如此底，只是理，非有个物事。若是有的物事，则既有善，必有恶。惟其无此物，只有理，故无不善。"（《语类》卷五）性非具体的事物，故无不善。情亦是此具体的世界中之事物，故须从心上发出。性为气中之理，故亦可谓为在于心中。所以谓“心统性、情”也。朱子又论心、性、情与才之关系云：“才是心之力，是有气力去做底；心是营摄主宰者，此心所以为大也，心譬水也，性水之理也。性所以立乎水之静，情所以行乎水之动，欲则水之流而至于滥也。才者水之气力，所以能流者。然其流有急有缓，则是才之不同。伊川谓性禀于天，才禀于气，是也。只有性是一定，情与心与才，便合着气了。”（《语类》卷五）凡人所禀之理皆同，故曰：“只是性有一定。”至于气，则有清浊之不同，故在此方面，人有各种差异也。“欲则水之流而至于滥也”，理学家以欲与理，或人欲与天理，对言，详下。

在客观的理中，存有道德的原理。吾人之性，即客观的理之总合。故其中亦自有道德的原理，即仁、义、礼、智是也。吾人之性中，不但有仁、义、礼、智，且有太极之全体。但为气禀所蔽，故不能全然显露。所谓圣人者，即能去此气禀之蔽，使太极之全体完全显露者也。朱子云：“圣人千言万语，只是教人存天理，灭人欲。人性本明，如宝珠沉溷水中，明不可见。去了溷水，则宝珠依旧自明。自家若知得是人欲蔽了，便是明处。只是这上便紧著力主定，一面格物，今日格一物，明日格一物，正如游兵攻围拔守，人欲自销铄去。所以程先生说敬字，只谓我自有一个明底事物在这里，把个敬字抵敌，常常存个敬在这里，则人欲自然来不得。”（《语类》卷十二）人得于其理而后有其性，得于其气而后有其形。性为天理，即所谓“道心”也。而因人之有气禀之形而起情，其“流而至于滥”者，则皆人欲，即所谓“人心”也。人欲亦称私欲。就其为因人之为具体的人而起之情之流而至于滥者而言，则谓之人欲；就其为因人之为个体而起之情之流而至于滥者而言，则谓之私欲。天理为人欲所蔽，如宝珠在浊水中。人欲终不能全蔽天理，即此知天理为人欲所蔽之知，即是天理之未被蔽处。即此“紧著力主定”，努力用工夫。工夫分两方面，即程伊川所谓用敬与致知。只谓我自有一个明底事物，心中常记此点，即用敬之工夫也。所以须致知者，朱子云：“所谓致知在格物者，言欲致吾之知，在即物而穷其理也。盖人心之灵，莫不有知，而天下之物，莫不有理。惟于理有未穷，故其知有不尽也。是以《大学》始教，必使学者即凡天下之物，莫不因其已知之理而益穷之，以求至乎其极。至于用力之久，而一旦豁然贯通焉。则众物之表里精粗无不到，而吾心之全体大用，无不明矣。”（《大学章句·补格物传》）“格，至也；物，犹事也。穷至事物之理，欲其极处无不到也。”（《大学章句》）此朱子格物之说，大为以后陆王学派所攻击。陆王一派，以此工夫为支离。然就朱子之哲学系统整个观之，则此格物之修养方法，自与其全系统相协和。盖朱子以天下事物，皆有其理，而吾心中之性，即天下事物之理之全体。穷天下事物之理，即穷吾性中之理也。今日穷一性中之理，明日穷一性中之理。多穷一理，即使吾气中之性多明一点。穷之既多，则有豁然顿悟之一时。至此时则见万物之理，皆在吾性中。所谓“天下无性外之物”。至此境界，“则众物之表里精粗无不到，而吾心之全体大用无不明矣”。用此修养方法，果否能达到此目的，乃另一问题。不过就朱子之哲学系统言，朱子固可持此说也。

陆象山、王阳明

圣人之心如明镜，“廓然而大公，物来而顺应”；当喜者喜之，当怒者怒之，而本体虚明，对于所喜所怒之物，毫无沾滞执着，所以亦不为其所累也。若能如此，则虽终日有为，而心常如无为，所谓动静合一者也。

陆象山

王阳明

与朱子同时而在道学中另立心学一派者为陆象山。象山名九渊（西历1139年—1193年），其学以为“宇宙便是吾心，吾心便是宇宙”（《年谱》）。只须一任其自然，此心自能应物而不穷。象山云：“《诗》称文王，‘不识不知，顺帝之则’。康衢之歌尧，亦不过如此。《论语》之称舜禹曰：‘巍巍乎！有天下而不与焉。’人能知‘与焉’之过，无‘识’‘知’之病，则此心炯然，此理坦然，物各付物，‘会其有极，归其有极’矣。”（《与赵监第二书》，《全集》卷一）此与明道《定性书》之意正同。《定性书》以为苟不自私而用智，则吾人之心，即“廓然而大公，物来而顺应”。象山所谓“与焉之过”，即自私也。所谓“识知之病”，即用智也。所谓“此心炯然，此理坦然，物各付物”，即“廓然而大公，物来而顺应”也。

象山之弟子杨慈湖，以为“直则为心，支则为意”（《绝四记》)。如孟子所谓,“今人乍见孺子将入于井,皆有怵惕恻隐之心。非所以纳交于孺子之父母也,非要誉于乡党朋友也,非恶其声而然也”。乍见孺子将入于井。吾人对此情形之第一反应,即为有怵惕恻隐之心。本此心而往救之,则自发心以至于行为,皆是“直”而为心。若于此时稍一转念,为欲纳交于孺子之父母,而往救之。或欲要誉于乡党朋友而往救之,或因其与其父母有仇而特不救之。经此转念,则即“曲”而为“意”矣。道学家所谓初念是圣贤,转念是禽兽,即此意也。任心直往,则随感而应。则其中无“自私”“用智”之余地,所谓“廓然而大公,物来而顺应”也。

一般人之论朱陆异同者,多谓朱子偏重道问学,象山偏重尊德性。此等说法,在当时即已有之。然朱子之学之最终目的,亦在于明吾心之全体大用。此为一般道学家共同之目的。故谓象山不十分注重道问学可,谓朱子不注重尊德性不可。且此点亦只就二人之为学或修养之方法上言之,究竟朱陆之不同,是否即仅在其所讲为学或修养方法之不同,此一极可注意之问题也。

就上所述观之,朱子之学,尚非普通所谓之唯心论,而实近于现在所谓之实在主义。吾人若注意此点,即可见朱陆之不同,实非只其为学或修养方法之不同。二人之哲学，根本上实有差异之处。朱子言性即理，象山言心即理（《与李宰第二书》，《全集》卷十二）。此一言虽只一字之不同，而实代表二人哲学之重要的差异。盖朱子以心乃理与气合而生之具体物，与抽象之理完全不在同一世界之内。心中之理，即所谓性；心中虽有理而心非理。故依朱子之系统，实只能言性即理，不能言心即理也。象山言心即理，并反对朱子所说心性之区别。如《语类》云："伯敏云：'性、才、心、情，如何分别？'先生云：'如吾友此言，又是枝叶。虽然此非吾友之过，盖举世之蔽。今之学者，读书只是解字，更不求血脉。且为情、性、心、才，都只是一般物事，言偶不同耳。……若必欲说时，则在天者为性，在人者为心。此盖随吾友而言，其实不必如此。'"（《全集》卷三十五）依吾人所观察，则朱子所说性与心之区别，实非"只是解字"。盖依朱子之观点，实在上本有与此相当之区别也。象山虽亦以为可说"在天为性，在人为心"，而又以为系"随吾友而言，其实不必如此"，"都只是一般事物，言偶不同耳"。盖依象山之观点，实在上本无与朱子所说心性区别相当之区别，故说心性只是"一般物事"也。朱陆所见之实在不同。盖朱子所见之实在，有二世界。一不在时空，一在时空。而象山所见之实在，则只有一世界，即在时空者。只有一世界，而此世界即与心为一体，所谓“宇宙便是吾心，吾心便是宇宙”（《年谱》，《全集》卷三十六）也。

象山哲学中，虽只有一世界，而仍言所谓形上形下。至慈湖则直废此分别。慈湖云：“又曰：‘形而上者谓之道；形而下者谓之器。’裂道与器，谓器在道之外耶？自作《周易・系辞》者，其蔽犹若是，尚何望后世之学者乎？”（《慈湖遗书》卷九）盖所谓形上形下，必依朱子所解释，方可有显著的意义。依朱子之系统，器实与道不在一世界中。此陆派所不能承认。如此则诚宜直指《周易・系辞》所说形上形下为“非孔子之言”（《慈湖遗书》卷七）也。

依上述观之，则朱陆之哲学，实有根本的不同。其能成为道学中之二对峙的派别，实非无故。不过所谓“心学”，象山、慈湖实只开其端。其大成则有待于王阳明，故与朱子对抗之人物，非陆象山、杨慈湖，而为二百五十年后之王阳明。

王阳明名守仁（西历1472年—1529年），其学之主要意思，见于其所著《大学问》一篇。此篇解释《大学》明明德、亲民、止至善之三纲领云："大人者，以天地万物为一体者也。其视天下犹一家，中国犹一人焉。若夫间形骸而分尔我者，小人矣。大人之能以天地万物为一体也，非意之也，是其心之仁本若是，其与天地万物而为一也。……明明德者，立其天地万物一体之体也；亲民者，达其天地万物一体之用也。故明明德必在于亲民，而亲民乃所以明其明德也。……至善者，明德、亲民之极则也。天命之性，粹然至善，其灵昭不昧者。此其至善之发见，是乃明德之本体，而即所谓良知者也。至善之发见，是而是焉，非而非焉，轻重厚薄，随感随应，变动不居，而亦莫不有天然之中；是乃民彝物则之极，而不容少有拟议增损于其间也。少有拟议增损于其间，则是私意小智，而非至善之谓矣。"（《全书》卷二十六）此亦程明道《识仁篇》之意，但阳明言之，较为明晰确切。象山云："宇宙不曾限隔人，人自限隔宇宙。"不限隔宇宙者，此所谓大人也；限隔宇宙者，此所谓小人也。然即小人之心，亦有"一体之仁"之本心。孟子所谓恻隐之心、是非之心等四端，即此本心之发现，亦即所谓良知也。即此而扩充之、实行之，即是"致良知"也。"明德之本体，即所谓良知"，故明德、亲民，皆是致良知，亦即是致知。"然欲致其良知，亦岂影响恍惚而悬空无实（此指二氏）之谓乎？是必实有其事矣。故致知必在于格物。物者，事也。”（《大学问》）“心之所发便是意，……意之所在便是物。如意在于事亲，即事亲便是一物。……意在于仁民爱物，即仁民爱物便是一物。意在于视听言动，即视听言动便是一物。”（《传习录》上）“格者，正也，正其不正以归于正也。正其不正者，去恶之谓也；归于正者，为善之谓也。”（《大学问》）良知乃“天命之性，吾心之本体，自然灵昭明觉者也。凡意念之发，吾心之良知，无有不自知者。其善欤，惟吾心之良知自知之；其不善欤，亦惟吾心之良知自知之”（《大学问》）。吾人诚能“于良知所知之善恶者，无不诚好而诚恶之，则不自欺其良知，而意可诚也已”（《大学问》）。不自欺其良知，即实行格物、致知、诚意、正心，亦即实行明明德也。格之既久，一切“私欲障碍”皆除，而明德乃复其天地万物一体之本然矣。此王阳明所谓“尧舜之正传”，“孔氏之心印”（《大学问》）也。

依上所引《大学问》，可见阳明之学，彻上彻下“致良知”三字，实即可包括之。所以阳明自四十三岁以后，即专以“致良知”训学者。以言简易直截，诚简易直捷矣。其所说格物致知之意，实与朱子不同。在二家学说，各就其整个观之，则二家之不同，仍是上所述理学与心学之不同也。阳明自言其自己之学与朱子之学不同之处云："朱子所谓格物云者，在即物而穷其理。即物穷理，是就事事物物上求其所谓定理是也。是以吾心而求理于事事物物之中，析心与理而为二矣。……若鄙人所谓致知格物者，致吾心之良知于事事物物也。吾心之良知，即所谓天理也。致吾心良知之天理于事事物物，则事事物物皆得其理矣。致吾心之良知者，致知也。事事物物皆得其理者，格物也。是合心与理而为一者也。"（《答顾东桥书》）朱子以为人人具一太极，物物具一太极。太极即众理之全体，故吾人之心亦"具众理而应万事"。故即物穷理，亦即穷吾心中之理，穷吾性中之理耳。故谓朱子析心与理为二，实未尽确当。惟依朱子之系统，则理若不与气合，则即无心，心虽无而理自常存。虽事实上无无气之理，然逻辑上实可有无心之理也。若就此点谓朱子析心与理为二，固亦未尝不可。依阳明之系统，则必致吾心良知之天理于事事物物，则事事物物皆得其理。依此则无心即无理矣。故阳明云："心即理也。天下又有心外之事，心外之理乎？"（《传习录》上）阳明又云："心之体，性也。性即理也。故有孝亲之心，即有孝之理。无孝亲之心，即无孝之理矣。有忠君之心，即有忠之理，无忠君之心，即无忠之理矣。理岂外于吾心耶？”（《答顾东桥书》）依朱子之系统，只能言性即理，不能言心即理。依朱子之系统，只能言有孝之理，故有孝亲之心；有忠之理，故有忠君之心。不能言有孝亲之心，故有孝之理；无孝亲之心，即无孝之理。依朱子之系统，理之离心而独存，虽无此事实，而却有此可能。依阳明之系统，则在事实上与逻辑上，无心即无理。此点实理学与心学之根本不同也。阳明哲学中，无形上世界与形下世界之分，故其语录及著作中，未见此等名词。

“天下无心外之物”。所谓恶者，乃吾人情欲之发之过当者。若不过当，即情欲本身，一般人欲亦不是恶。《传习录》云：“七情顺其自然之流行，皆是良知之用，不可分别善恶，但不可有所著。七情有著，俱谓之欲，俱为良知之蔽。然才有著时，良知亦自会觉。觉即蔽去，复其体矣。”（《传习录》下）所谓“不可有所著”者，《传习录》又一条云：“问有忿懥一条。先生曰：‘忿懥几件，人心怎能无得？只是不可有耳。凡人忿懥，著了一分意思，便怒得过当，非廓然大公之体了。故有所忿懥，便不得其正也。如今于凡忿懥等件，只是个物来顺应，不要著一分意思，便心体廓然大公，得其本体之正了。且如出外见人相斗，其不是的，我心亦怒，然虽怒却此心廓然不会动些子气。如今怒人，亦得如此，方才是正。’”（《传习录》下）所以七情不能有所著者，盖“著了一分意思，便怒得过当，非廓然大公之体”矣。“圣人之喜，以物之当喜；圣人之怒，以物之当怒”（程明道《定性书》）。非“有”喜怒，即非有意于为喜怒也。圣人之心如明镜，“廓然而大公，物来而顺应”；当喜者喜之，当怒者怒之，而本体虚明，对于所喜所怒之物，毫无沾滞执著，所以亦不为其所累也。若能如此，则虽终日有为，而心常如无为，所谓动静合一者也。

至于清代，一时之风尚转向于所谓汉学。所谓汉学家者，以为宋明道学家所讲之经学，乃混有佛老见解者。故欲知孔孟圣贤之道之真意义，则须求之于汉人之经说。阮元云：“两汉经学，所以当遵行者，为其去圣贤最近，而二氏之说，尚未起也。”（《汉学师承记序》）讲汉人之经学者，以宋明人所讲之道学为宋学，以别于其自己所讲之汉学。

宋明人所讲之理学与心学，在清代俱有继续的传述者，即此时代中之所谓宋学家也。但传述者亦只传述而已。理学、心学在此时代中，俱无显著的新见解加入。此时代之汉学家，若讲及所谓义理之学，其所讨论之问题，如理、气、性、命等，仍是宋明道学家所提出之问题。其所依据之经典，如《论语》《孟子》《大学》《中庸》等，仍是宋明道学家所提出之四书。就此方面言，则所谓汉学家，若讲及所谓义理之学，仍是宋明道学家之继续者，故兹略焉。

附　录

中国哲学的特质

冯友兰

在振兴中华、建设有中国特色的社会主义的伟大事业中，有些工作，我们必须要做的，就是对中国的文化遗产做一番摸底的工作，摸摸它的底。过去的中国就好像一个中落了的世家，衰败了，子孙们的生活也就感觉困难了，四邻也都来欺负。但还有家底，中国有四千多年的历史，是有一个家底的，这个家底究竟有多厚，究竟内容都是些什么，一时间也说不清楚，所以须摸摸底。这个工作，我们以前就在做，各研究机关、各大学都在做这个工作。但是，是不是已经摸着底了，还不敢说，这个底究竟是什么呢，也还不敢说。虽然有些说法，也各不相同，各人有各人的说法。所以，还须做一番综合的研究，再进一步摸摸底。我们讲习班就是要做这个工作的。请大家来，我们一起交换意见。我们这个讲习班的宗旨就是这个，文化书院成立的目的也是这个。

我先谈谈中国文化的几个特点。

中国文化有一个特点，就是对人的评价很高。人在宇宙中间占了很高的地位，人为万物之灵。中国还有一个说法，就是“人与天地参”，这个“参”就是三，“与天地参”就是人与天地并立为三。所谓“三才”，就是天、地、人。这话在《中庸》里说过，说是可以“赞天地之化育”，才可以与天地参。《荀子》上面也讲过，“天有其时，地有其才，人有其智，夫始能参”。天有四时，地有各种资源，人有其智，也就是人能组织社会，有各种社会制度、道德法则。这就是说，对这个宇宙，天地人各有贡献，所以才称为“三才”。讲法在《中庸》上更为具体。在中国哲学里，无论是唯心主义的传统，还是唯物主义的传统，都认为人与天地参，这就是人和自然的关系，人在宇宙中的地位。这是中国文化的一个传统。这个传统，现在看来好像没有什么了不起，但是跟别的文化一比，就可以看出它的优点。我们说，不怕不识货，就怕货比货，就是这个意思。我们看看别的文化对人的看法评价如何。先说基督教文化，西方国家的基督教文化，基督教的《圣经》说，人的最早祖先是亚当和夏娃，亚当和夏娃全在上帝的乐园里过着平静的生活，可是后来犯了罪，上帝就把他们贬下来了，逐出了那个乐园。人类都是亚当和夏娃的后代，所以生下来都带着亚当和夏娃的罪，这个罪叫“原罪”。每个人无论现在和将来都带着原罪生活的，都是罪人。虽然上帝慈悲，派他的儿子耶稣下界，受钉十字架的苦刑，替人类赎罪，可是无论怎样赎，人的原罪总是在那里的，这是基督教的说法。照佛教的说法，人生都是带着四大苦难的：生、老、病、死，所以人生是个苦海。人的生活就是一个无边无涯的苦难的海，如来佛的任务就是把人类救出苦海。照这个说法，我们人类都是受苦的。我有个想法：基督教文化重的是天，讲的是“天学”；佛教讲的大部分是人死后的事，如地狱、轮回等，这是“鬼学”，讲的是鬼；中国的文化讲的是“人学”，着重的是人。中国哲学的特点就是发挥人学，着重讲人。无论中外古今，无论哪家的哲学，归根到底都要讲到人。不过中国的哲学特别突出地讲人。它主要讲的是人有与天地参的地位，最高的地位，怎样做人才无愧于这个崇高的地位。人在宇宙中能与天地参，就是上顶天，下立地，每个人都是顶天立地的人。在中国哲学史里，宋明道学对这点讲得最多。所以我下面主要讲宋明道学，讲宋明道学的特点。

明朝有一个道学家写了一本书，叫《人谱》，人照着这个谱去做，就可成为顶天立地的人，无愧于与天地参的人。宋明道学现在也称宋明理学。理学、道学这两个名称指的是同一回事。

现在离开宋明道学，讲一点一般人生的问题。我们人虽然是“三才”之一，但在人生中间有些问题仍有矛盾。我们虽然不是罪人，可是生活中不是一帆风顺的。人生中间的这些矛盾，要是一条一条细说，那就很多了。我们把它们归纳为两类矛盾。一种是一般和个别（特殊）的矛盾。我们说“这个桌子”，这就是个别的，指的不是别的桌子；我们说“桌子”，则是一般的桌子。“这是桌子”这句话就把一般和特殊联系起来了，统一起来了。这个联系并不是我说到这一命题才联系起来的，它们本来就是联系的，“这是桌子”，在说之前，它本来就是桌子了。首先要了解一般和特殊的不同。这是桌子，这是椅子，这是黑板，这一类话我们每天都说很多次，对于它的意义，一般人是不注意的。“桌子”就是一般桌子，但是“这个桌子”除了一般性质之外，还有很多性质，如它是家具，是木头的等等。如果说“它是桌子”，这些特殊性就可以不理了。我讲哲学，向来要求分清这些。一个人学哲学，能分清一般和特殊，才算是入了门。因为我总是这样讲，有一次一个朋友就跟我开玩笑，他说有一个关于柏拉图的笑话。柏拉图注重一般。有一天柏拉图叫一个奴隶上街去买面包，那个奴隶去了半天却空手回来了，他说街上只有方的面包、圆的面包，而没有只是面包的面包。柏拉图就叫他去买方的面包。过一会儿，奴隶又空手回来了，他说街上没有只是方的面包，街上只有黑色的方面包，白色的方面包，黄色的方面包。柏拉图就说，你买方而黄的那种吧。结果奴隶去后又空手而归，柏拉图叫他去了好多次都没有买来。作为特殊的面包，它的属性是很多的：大的，小的，长的，短的，方的，圆的，黑的，黄的，等等，可以多到不知多少，个把钟头也说不完。照这个说法，柏拉图就没有面包吃，就会饿死。朋友说我也是光讲一般的面包。我也听说过一个故事，是说一个先生给学生讲“吾”字。先生说，“吾”就是我。学生回家后，父亲问他，你今天学了什么？学生说：“先生给我讲了一个‘吾’字。”父亲问：“‘吾’是什么意思？”学生说：“‘吾’就是先生。”父亲大怒，说：

"'吾'就是我。"学生记住了。第二天到学校就说："'吾'是我爸爸。"先生大怒说："'吾'是我！"学生也不敢再问了，心想究竟"吾"是先生呢，还是爸爸呢？学生心里纳闷，先生也很苦恼。因为他不管教谁，都得说"吾"是我，可是学生都把"吾"当成讲的那个人，再也弄不清了。这个简单的问题变成了很难的问题了。不过人毕竟是万物之灵，我们在实际生活中还没有遇到过这个问题。在一般情况下说"这是桌子"，一般人都知道，除了这个桌子之外还有别的桌子。可是有一些人认为，不能讲一般。你讲一般就是唯心主义，只有唯心主义才敢讲。所以，我在讲习班上印的那个提纲里面就说，在哲学和一般生活中都须讲一般和特殊。看了《谈谈辩证法问题》里面讲马克思的《资本论》那一段，就会清楚。

"这个桌子"是认识论的最基本的问题。毛主席的《实践论》中讲的也是这个问题，人的认识是从感性认识到理性认识，感性认识跟理性认识的主要区别在于什么地方呢？就在感性认识认识的是特殊，只能认识特殊（就是这个桌子），而理性认识认识的是一般的概念，认识桌子。从感性认识到理性认识是一个飞跃。在《矛盾论》里面，有一句话，"一般寓于特殊之中"。关于一般和特殊的问题，是有唯心主义和唯物主义的斗争的。主要问题不在于讲一般或不讲一般，而在于讲一般和特殊的时候，有唯心主义和唯物主义的区别。“一般寓于特殊之中”，就是唯物主义的正确讲法。我写了这个参考书，参考文件，表面上看，好像是跟这个大学没有关系，但是生活里就是要弄明白，先讲一般和特殊的区别，并不就是唯心。这个话说起来又该扯远了。我们人生中间有一种矛盾，就是一般和特殊的矛盾。因为每一个人，既然是一个人，就是一个特殊。就与这个桌子、那个桌子一样是个特殊。可是凡是一个特殊，总该有很多性质吧？那个性质就是一般。人生中间，每个人都是一个特殊。我是一个特殊，你是一个特殊，我们的特殊都有许多性质，那个性质就是一般。一般和特殊之间有些矛盾，这就是头一种矛盾。比如说吧，我是一个人，这是个特殊，这个特殊就是我的身体，而我是人，这个人，则是一般的。人的一般里面包含什么内容呢？就包含：“天地人三才”，“与天地参”等等的内容。我的特殊是不是可以同与天地参的顶天立地的那个一般相适应相符合呢？这是个矛盾。我们的一生，有些作为是从特殊出发的，有些是从一般出发的，在这中间就有矛盾。道学讲有些思想行为是从躯壳上起念的。这一类矛盾，一般地看是文学作品上讲的灵与肉的矛盾。第二类矛盾就是主观与客观的矛盾。每一个体都是以它自己为主，以外界为客。这就发生了主观与客观的矛盾。小孩子一落地就觉得外界有一个与他不同的东西，这就是主观和客观的矛盾。不管小孩子清不清楚，主观有认识客观的问题，有适应客观的问题，这是又一类矛盾。总而言之，人生中间的矛盾分这两大类。这是个总括的说法。其余小矛盾一条条多得说不完，归结起来就是这两大类。对于这两类矛盾，解决的办法有三条路：第一条路是从本体论入手的路，第二条路是从认识论入手的路，第三条路是从伦理学入手的路。从本体论入手的路在西方哲学里面的代表人物就是柏拉图。柏拉图是从几何学得到的启示。几何学中有各种各样的定义：什么叫方，什么叫圆，等等。这些定义就是方的一般，圆的一般，是绝对的方和绝对的圆。柏拉图说：绝对的方和圆是理念，只有方和圆的理念才是真正的方和真正的圆。我们实际的方和圆都是那个理念的摹本，摹本总是比不上原本，因为摹的时候总要差一点。他这样一分，就把世界分成两个了：一个是理念的世界，那里有绝对的方、绝对的圆，是真正的原本；另一个是我们实际的世界，有实际的方、实际的圆，这里都是摹仿理念的。

它既然是摹本，就总要差一点。这就是我方才说的唯心主义、唯物主义的问题，因为柏拉图认为理念不在实际世界之中，跟世界对立起来。他的这个理论是唯心主义的，不过他有的想法不能算错，例如那绝对的方、绝对的圆等几何学上的定义，是我们实际生活上用的一种批评的标准，也是一种实践的标准。比如，我们在黑板上画一个圆，大家一看说不像个圆，或者说很不像个圆。这个是批评，这个批评有个标准，没有标准，那批评也就没有意义了。这个标准就是几何上的定义。这个定义是批评的标准、实践的标准，我们照几何学上的定义来制造圆的东西，或者方的东西，如果觉得哪一点不很方不很圆，就能照那个标准去改，去纠正。所以，他讲的不能说没有意义，是有意义的。不过他把那些标准都说成另一个世界，那是唯心主义的。实际的东西总不能完全与标准相合，因为实践做这些东西总要靠一种工具，那个工具和材料总也都是实际的东西，并不是完美无缺的。所以实际的圆，都受实际材料的限制，比如黑板上画的那个圆，由于黑板不是很平，粉笔粗糙，因此不完全圆，总要受材料的限制和累赘。方才有个同志写了个条子，说中国哲学里讲的那个“气”，在西方哲学里和它相当的是什么字。这个“气”笼统地说来就是材料，都是和标准相对应的材料，你用这个材料制成个圆的东西，它就不会是个真正的圆，它就不会和标准完全相合。这个“气”，照有些人的说法就是一般说的材料，这个在希腊哲学里就是material。这是一个比较抽象的说法，中国哲学上的这个气有时候是指像空气一样的细微的物质，各家的用法不同，所以比较抽象的用法就是材料。至于作为实际东西像空气什么的，在西方哲学里就没有相对应的字了。一般的翻译就只能拼音了。柏拉图是从本体论着手，讲一般和特殊的矛盾，可是结果呢？他把这个矛盾讲清楚了，怎样解决这个矛盾呢？他却没讲，而且，把他的原则用到社会上来，矛盾就会越来越大。照他的说法，一个人有种种欲望，这些欲望都是下等的东西。人还有一些思想，就是那些标准什么的，那些才是上等的。再推到社会上，推到当时的奴隶社会上，奴隶就是社会里的下等人，只有低级的欲望。奴隶主是上等的人，都有人的理想什么的。这样一讲，就把矛盾扩大了。他的贡献呢？就是把这类矛盾讲清楚了，结果呢？他把这个矛盾更扩大了。没有解决这个矛盾。这就是从本体论入手的那条路。

主观和客观的矛盾，人是个主体，世界是个客体。人在认识外界的时候，总要经过他自己特有的一种能力，这个能力中间有他自己的形式和范畴，就是说，要经过他自己的那个性质的范畴。所以康德他说认识的那个外界就仅仅是一种现象。至于那个现象的本体是什么，本来的面目什么样就不知道了。那个本来面目“物自身”，物的自身是什么样，是永远也无法知道的。有人说，康德讲的那个“物自身”是不可知论。有人说他的不可知是“尚未知”，“我们现在不知道，将来会知道的”，这就不是从康德的前提出发的了。康德的前提是：物质是不可知，不是尚未知。因为在知它的时候，人总要通过自己主观的套子。你主观的套子是不能够变的，所以物质永远不能知道。好像人戴着有色眼镜，这些人看外界就是那个颜色，戴红色眼镜看外界就是红色。你可能说我把眼镜摘下来看看世界究竟是什么样子，眼镜是可以的，可是康德讲的那个认识的形式可不行。这是他的《纯粹理性批判》里面讲的道理。所以主观和客观有一条界线是永远跳不过去的，永远有个隔阂。不过在他的《实践理性批判》里说，对这个问题也不能那么悲观。从认识上说，物质是永远不能知道的。不过人从道德行为这一方面谈，倒不完全是没希望，也不能那么悲观。按照康德说的，在讲到道德的时候，有一个最高的人生原则什么的，就是说你要想知道你的行为是不是守道德的，有一个尺度，有一个标准可以用，那就是想想你的行为，可不可以作为一个公律，一个公共的规律，可不可以放之四海而皆准，如果能的话它就是道德的，如果不能就不行。这是他讲的道德的最高标准。其实这个标准就是没有学过康德的人也会承认。我们看见一个人做了什么坏事，就可以对他说：你这样做不对，如果人人都像你这样，那结果就不堪设想了。比如一个人坐公共汽车，他不买票，售票员向他讲理，说我这里是公共汽车，就是靠卖票维持的，如果每个乘客不买票，也就没有公共汽车了。这其实就是康德说的那个最高标准。我们说杀人不能作为一个道德规律，因为人人互相残杀，就没有社会了，就没有人了。偷东西不能算道德的行为，因为如果人人都靠偷东西来生活，那就没人生产了，那个社会就不存在了。所以，他这个标准也不能算是他的发现，因为我们每天都在利用。一九五二年，我参加了一个代表团到印度访问。一位印度朋友问我，他说你们社会主义把劳动者都解放了，那就没人劳动了，大家都不劳动怎么办？我说：社会主义不是人人都不劳动，而是人人都劳动。这就是社会主义比资本主义道德上的优越性。社会主义可以叫资本家都成为劳动者，人人都劳动，可是资本主义社会不能叫人人都成为资本家去发财，因为人人都是资本家就没有资本家了。所以康德的这个规律就是我们经常用的规律。我想孔子讲的那个忠恕之道实际上也是这个意思。一个行为你不知该不该做，你就可以看看能不能把其推而广之。能推而广之就行，否则就不行。实际上这是一个道理。不过在这一点上，可以看见一个打破主观与客观之间界墙的希望。照康德讲的实际上就是“自我之法”，自己给自己定的法律。自我之法就是要扩大那个主观，把主观扩大到包括客观。那么一扩大，就打破了主观与客观的界限。一个人作为一个个体，他总是可以以自我为主，可是自我之法就不是以自我为主，可见人类的个体主观之外，还有一个什么力量，他说这就是那个超乎主观之外的力量。从这个地方，就可以看出是有三件事情，一个是上帝存在，一个是灵魂不死，一个是意志自由。我的主观总是要包括我的主观利益。我的自我之法要否定我的主观，可见这个意志就不是受主观与特殊的影响，这个意志是很自由的。他们由此可以推出，除了肉体之外，还有灵魂，还有上帝。

康德这样讲了，这只不过是个橱窗，一个窗户。从这里面，可以稍微望见里面的什么东西。可是窗户总是在那儿，隔阂总是在那儿，这是他认为没有办法的。所以那个东西是个彼岸。我在这个岸上可以望见那个岸，可是永远也达不到那个岸。康德有点像柏拉图，主观与客观的矛盾讲得很明确。可是没有办法来解决这个矛盾。虽然他提示了一点，可是他总认为是不能解决的。这就是从认识论入手的那条路。

中国的道学家是从伦理学下手的。一方面似乎可以说，它是继续康德的路，把康德的说法推到它的逻辑结论。不过这不能从时间上说，从时间上说，他们在康德以前。康德想了这个办法，可是没有进行到底。而道学家对这个问题进行到底了。道学家认为既然有一个窗口可以看到里面的情况，那就把这个窗户扩大，甚至不要窗户，推翻界墙，问题不就解决了吗？当然就解决了。这个就是王阳明说的那个“致良知”了。王阳明说，人人都有一个良知，他看见好的就知道是好，看见事物不好的，他就知道是不好的。这是人人如此的。问题是致良知，把一般的良知扩大起来，把窗户扩大，甚至把墙拆掉，实际上就是这个问题。这都是从道理上说，不是就时间说，按时间说就不对了。主观和客观之所以有界限、有矛盾，按道学的说法，就是有些思想行动是从“私”字开始的，是从躯体上起念的、从肉体上起念的，为我个人的利益而做的，就是一个“私”字。跟“私”相对的是“公”，从“私”出发的思想行动就是为“利”；从“公”出发的就是“义”，主要差别就是利与义的分别。要是把私去掉，一切都为公，那你就跳出了特殊的范围了，就不为特殊所限制了，就与一般一致了。所以道学家所说义与利的分别就是公和私的分别。从公出发的都是道德的，那叫义。从私出发的都是不道德的，那叫利。所以道学家都反对利。有些人认为利就是指的物质利益，所以道学家反对利，就是轻视物质利益。这个看法不对，问题不在于“利”是不是物质利益，而在于你为什么去求那个物质利益。你要是为了私利去追求物质利益，那就是“利”；要是为公去求，那就是“义”，而不是“利”。为公求利，就是我们现在说的为人民服务，为人民做好事。有些人对利的了解不够全面，比如说在我们社会主义里边，有全民所有制企业，它的经理说，我办的是社会主义企业，我们不应该像资本家那样精打细算，我不是为利，我是算政治账，我不算经济账。这个想法有问题。你当个社会主义企业的经理，能精打细算，使你的企业赚钱而不赔钱，叫你的企业增加经济效益，这是义，不是利，这并不是为个人的打算，这正是义。你办的社会主义企业，不精打细算，办得企业赔钱、关门，把人民给你的资本都赔光了，这是什么政治账？你办一个企业，你就须精打细算，讲经济效益、赚钱，叫你的企业办得活起来，这是义，不是利。所以道学反对的不是物质利益而是私利，就是反对“私”。道学家说的义和利的分别就是公和私的分别，你为公就是义，为私就是利。你做生意把企业办好，给国家赚钱，给人民做好事，这是义。这个问题必须这样论证才行。所以归结起来，道德和不道德的分别就是“公”与“私”的分别，就是“义”和“利”的分别。你要什么事都为公，就超出了你的个体了。超过个体的范围了，就把主观和客观的界限打破了，解决了这个矛盾，那也就解决了一般与特殊的矛盾，特殊就是私，把私去掉，矛盾就解决了。所以中国道学是从逻辑、从理学下手的路。这条路能把两种矛盾都解决了，解决的方法就是去“私”，把“私”字打破了。照道学家的说法，“义”上面还有“仁”，仁义礼智的那个“仁”。这个“仁”同那个“义”有同有异。同的是都是去“私”，“仁”是爱人，想到自己也要想到别人。这也是要跳出“私”的个体的范围，这是一样的。所不同的是“义”是道德的原则，而“仁”不仅是道德的原则，还是一个精神境界。“义”是单纯的原则，而

“仁”里面包括爱，所以“义”看起来是冷冰冰、铁面无私的东西。“仁”看起来就不是这样，而有点热乎乎的味道。因为爱都带着热，所以现在讲到爱都用“热爱”两个字。因为爱里有热的因素，它是一个精神境界。道学讲，仁比义又高一层，或者说更全面一点，因为它不仅是道德原则，也是一个热的精神境界。道学家讲哪个地方麻痹了的感觉，叫麻木不仁。为什么叫“不仁”呢？就是因为这一部分和身体的别的部分失去了联系。中医说就是气不相关了。这一部分发生了问题，也感觉不到疼痛、痛痒，就是这一部分和别的部分不是息息相关，不联系了。道学家说，不仁就好像一个人麻痹了，跟外界都没有气息相通了。按道学讲，最高的品质就是仁，“人”和“仁”声音都一样，所以这两个字可以互相定义，有的书说：“人者，仁也。”也有书说：“仁者，人也。”这两个字一致。清朝末年，戊戌变法的思想家谭嗣同写了一部书，叫《仁学》，仁学就是人学，就是讲怎样做一个真正的人，顶天立地的人，有与天地参的人的最高品质。他的书起名为《仁学》。所以道学的仁学，就是人学，这好像是中国哲学的特点。一提到仁字，有些人不了解，就认为是一种庸庸碌碌、婆婆妈妈的老好人，和稀泥的人，那一种人是有的，任何时代都有。孔子、孟子时代都有。可是孔子、孟子最讨厌那种人，把那种人叫“乡愿”。那种人像仁，可又不是。那种人，能够以假乱真。所以孔子说：“乡愿，德之贼也。”孟子说：“恶莠，恐其乱苗也。”莠就是杂草，有点像庄稼苗，容易混淆，所以特别可恶。还说：“恶紫之夺朱也。”朱是红，红的颜色是好的。别的颜色不是红，也表现出来不是红，只有“紫”讨厌，它有点儿像“红”可并不是红。“乡愿”那种人特别可恶，真正的仁人肯定不是那种婆婆妈妈的人。孔子说：“有杀身以成仁，无求生以害仁。”真正的仁人，是个拼命的事，遇到紧要关头，宁可牺牲自己的身体，也不牺牲那个原则，斗争性是非常强的。哪是婆婆妈妈和稀泥的那种老好人呢？后来孟子讲浩然之气，这个浩然之气就是仁。浩然之气至大至刚，不是软弱可欺，和稀泥、庸庸碌碌的。文天祥的《正气歌》就是讲浩然之气，浩然之气是人们的一种精神境界。“天地有正气，杂然赋流形。下则为河岳，上则为日星。于人曰浩然，沛乎塞苍冥。皇路当清夷，含和吐明庭。时穷节乃现，一一垂丹青。”他举的例子有：“或为《出师表》，鬼神泣壮烈。或为渡江楫，慷慨吞胡羯。”“为严将军头，为嵇侍中血。为张睢阳齿，为颜常山舌。”这些都是拼命的事。后来他总结说："是气所磅礴，凛烈万古存。当其贯日月，生死安足论！"这是一种忘我的精神境界，当它贯日月的时候，个人的生死就不在话下了。那就真正跳出了个体的范围，是气所磅礴，万古长存。世界上还不止万古。这个万古就表示永恒，永恒并不是长时间，而是超时间，没有时间。这个时候，个体的生死就不足论，完全超出了个体的范围。超乎个体的范围，这是一种精神境界，在这个精神境界里，主观和客观的矛盾就没有了，一般和特殊的矛盾也没有了，都解决了。这就是中国哲学讲的最高精神境界。我开的参考书最后一本是我的《中国哲学史新编》的那个"绪论"。"绪论"里讲，哲学就是叫人能够得到一种最高的精神境界。像《正气歌》所说的那种精神境界，那就是中华民族的精神境界。还有一点，要想达到这个精神境界，要做些什么工夫，做些什么事。这一点又是道学的特点了。这个答案就是不需要做什么，也不需要你吃斋，也不需要你念佛，也不叫你出家，也不需要做别的什么事，就你平常的那些工作，那些事。不过你做的时候要总想着去掉"私"，做的不是为"私"，是为"公"。每做一件事都要去私为公。这个就是去掉私欲。有些人说这个道学就是反对欲。这么讲的是柏拉图。道学讲的是反对私欲，是反对私，不是那个欲。譬如人生中有男女关系，道学并不反对，它只反对不正常的男女关系，那就是“私”了，是私欲。至于正常的男女关系，是夫妇结婚，这不是欲而是礼。这是夫妇之伦。

还有一个问题，我们要研究道学，怎么研究法。我认为要看你的目的怎样。你可以把它当成一种学术研究，做一篇学术论文，可以是硕士论文，也可以是博士论文。那就跟别的学术研究一样，查资料，分析概念，考据文字。你要是真正研究道学，那么，光查资料，分析概念，讲文字就不行了。像毛主席说的，你要想知道梨是什么滋味，你就咬它一口，这是个实践的问题，不是理论问题。恐怕咬一口还不行，得把它吃掉。恐怕吃一个还不行，还得继续吃。你要想学游泳，光看书不行，你要跳进水里去游才行。你要想学滑冰，就得穿上冰鞋去冰上练。你要想学骑自行车，你就得练。光凭看书、查资料是不行的。道学的特点要是用一句简单的话来概括起来，就是解决了我说的那两大矛盾。解决的时候并不需要做什么别的事，不需要吃斋，念佛，出家，上礼拜堂，就是在你的日常工作中。有一个道学家对他的先生说：我很想学道学，可是我没工夫，没时间。先生说，谁要求你用特别的时间来学，就是你平常所做的事情。你在那里边就可以学到。你在那里边想着“去私”就行了。也不需要有什么特别的机会，特别的条件。并不是说要有一定的政治地位才可以，完全不需要。也不是说你得有什么特殊的才能。这是道学的特点。这个特点我以前用《中庸》里的一句话来概括：“极高明而道中庸。”它非常高明而办法却非常平凡。也就是我们现在常说的，在平凡的岗位上做不平凡的事。也可以说，在平凡的生活中过不平凡的生活。概括起来就是这样：不需要特殊的机会和才能。这就是中国哲学的特点。

（载于《论中国传统文化》，
中国文化书院讲演录第1集，1988年1月出版）